城市交通流量分配及优化

武小平　著

西安邮电大学学术专著出版基金资助

科学出版社
北　京

内 容 简 介

本书从城市交通拥堵现状及用户选择路径的行为特征出发，基于交通均衡理论、在线理论，结合交通网络的结构特点，从交通流量是否已知、路阻函数是否可分、用户乐观或悲观预期出行等视角出发，建立相应的交通流量分配模型，设计分配策略，分析其分配效率。并基于不确定理论和方法，针对用户出行可能遭遇道路中断、交通拥堵等不确定问题，研究时间不确定下的路径优化问题。

本书可供物流管理、交通运输管理等专业的高校师生和研究人员参考，也可供交通运输部门的工作人员参考使用。

图书在版编目(CIP)数据

城市交通流量分配及优化/武小平著. —北京：科学出版社，2021.7

ISBN 978-7-03-067190-5

Ⅰ. ①城… Ⅱ. ①武… Ⅲ. ①城市交通-交通流-研究 Ⅳ. ①U491.1

中国版本图书馆 CIP 数据核字（2020）第 246805 号

责任编辑：宋无汗 王婉娜 / 责任校对：杨 赛

责任印制：张 伟 / 封面设计：迷底书装

科学出版社 出版

北京东黄城根北街 16 号

邮政编码：100717

http://www.sciencep.com

固安县铭成印刷有限公司 印刷

科学出版社发行 各地新华书店经销

*

2021 年 7 月第 一 版 开本：720×1000 B5

2022 年 5 月第二次印刷 印张：9 1/2

字数：190 000

定价：98.00 元

（如有印装质量问题，我社负责调换）

前　　言

随着经济的飞速发展，城市机动车数量及交通压力剧增。提高公路运输的硬件水平，多修路、修好路，能够在很大程度上缓解交通压力，但是在现有的交通网络上优化交通流量，提高分配效率具有更为现实和长远的意义。作者在求学期间和工作中一直从事交通运输优化方面的研究，主持了一些交通运输方面的科研项目并发表了相关研究论文，分析了城市交通状况和特征，从群体流量分配、个体路径选择和不确定决策等视角对城市交通流量分配进行了分析和研究。已有交通方面的书籍内容主要集中在交通硬件设施规划方面，而深入分析用户行为特征进行交通流量分配、不确定情形下车辆路径优化等方面的研究内容较少。

本书从用户群体行为出发，研究用户追求自身利益最大化情形下的交通流量分配。从个体选择路径出发，研究时间不确定情形下的路径优化问题。主要内容包括：①基于群体行为的城市交通流量分配量化研究。从时点交通流量已知和未知（突发状态）、一般网络和特殊网络（方格网络）、用户悲观（公共区域车辆多）和乐观（环路车辆少）考虑交通状态、路阻函数可分（双向行驶）和不可分（十字路口或堵塞区域）等方面对交通流量分配进行研究和讨论；针对信息不完全情况下城市交通流量的分配问题，采用在线理论和方法对时段内交通流量未知及突发情形下的路径优化问题进行深入研究。②时间不确定情形下个体选择路径优化研究。主要问题有不确定时间的单车路径优化、带时间窗的不确定多车路径优化和多配送中心下双目标路径优化等，设计求解算法并进行数值分析，验证模型的有效性。

本书是作者近年来在交通流量分配领域的主要研究成果总结。本书的出版得到了陕西省自然科学基础研究计划一般项目（项目编号：2019JM-369）和陕西省自然科学基础研究项目（项目编号：2012JQ9004）的资助，在此表示衷心的感谢。同时感谢徐寅峰教授、苏兵博士和郑斐峰博士的指导和帮助，以及寇艺槟、魏奇、孙明月、孙靖、刘鹏和杨琳等在撰写本书过程中提供的帮助。

限于作者水平，书中难免存在不足之处，恳请广大读者批评指正。

前言

目　录

第 1 章　绪　论

1.1　研究背景和意义

随着经济的飞速发展，私人汽车越来越多。2003 年，我国汽车保有量达到 1219 万辆，截至 2011 年 8 月底，我国汽车保有量首次突破 1 亿辆大关。据国家统计局统计，截至 2017 年底，我国民用汽车保有量约 20906 万辆，比 2016 年增长 11.8%，其中私人汽车保有量约 18515 万辆，比 2016 年增长 12.9%。由于汽车保有量的快速增长，城市交通拥堵现象越来越严重。为解决城市交通拥堵问题，传统的方法是进行大规模的交通基础设施建设。然而，基础设施的改善会刺激交通需求的增长，不但使交通拥堵状况没有缓解，反而变得更加严重，从而陷入汽车数量增长和不断修建道路的恶性循环中。

国民经济高速增长和人民生活水平的持续提高，产生了更大的交通需求，仅仅依靠扩建道路已无法满足日益膨胀的交通需求。用户出行时不关心交通系统所花的费用，只追求自己的花费尽可能小，也是引发交通拥堵日益严重的关键因素之一。因此，在现有交通网络的基础上，进行需求管理是很有必要的。在很多国家，交通需求管理已经取得了较好的效果。交通需求管理是在分析交通需求产生的原因、位置和费用等因素的基础上，设计管理方案，合理分配交通需求，减少交通压力，提高交通系统的流量分配效率。综合的交通需求管理包括提供可选择的交通方式和服务，引导出行者转向其他交通方式和服务的激励措施，在现有交通网络的基础上合理地诱导出行者选择路径等，以有效地改善交通状况。20 世纪 70 年代，已有一些国家和城市采用有效的措施诱导交通需求，很好地改善了交通状况。例如，新加坡于 1975 年 6 月 2 日规定，在市中心 4.8km^2 的范围内，实行执“进入许可证”进入；美国于 1975 年 9 月 17 日提出交通系统管理措施，其管理目标中规定在交通拥堵地区控制车辆发展，削减交通流量；伦敦从 2003 年 2 月 17 日开始，对周一至周五 7:00 至 18:30 进入市中心 21km^2 内的车辆，收取 5 英镑的“进城费”，到 2007 年 3 月，收费区域已经扩大了一倍，范围扩大到伦敦西部；美国、挪威、英国和新加坡等国家已经在部分城市或区域实施了收费策略，取得了较好的效果。在我国，香港很早就做过关于正式收取道路使用费的论证，北京、上海、广州也在考虑是否通过收取拥堵道路使用费改善交通状况。因此，通过交通需求管理可以在有限的交通网络上合理安排交通流量，节省旅行费用，提高分配效率，改善交通状况。

从道路交通的角度分析可知，用户的社会性使得交通行为十分复杂，用户的个体需求与交通系统需求之间存在很大的差异和矛盾。从资源与需求的角度分析可知，道路交通面临十分突出的矛盾：一方面，交通占有资源、消耗能源为社会活动带来了巨大的便利，现代社会离不开交通；另一方面，分配给交通系统的资源有限，并且要求在有限的资源条件下，实现更为快捷高效的交通。交通需求管理就是调节交通需求，规范交通行为，充分利用交通资源，调度指挥交通，实现道路交通安全、有序、畅通的过程。

交通需求管理是对道路交通需求的源头管理。道路交通需求和道路资源存在时间和空间上的不平衡。在许多城市，机动车数量增长迅猛，道路拥堵、事故增加，特别是交通高峰时期，会出现车辆行驶缓慢、交通混乱等现象。同时，城市土地资源有限，道路建设不能以交通高峰时期的需求扩建道路，这样只会导致城市土地资源的浪费。交通需求管理需通过政策、经济和行政等手段，在空间、时间和出行方式上调节交通需求，实现对交通行为的管理。

交通流量是在指定时点或时间段内通过道路某地点或某断面的车辆、行人数量，这里指机动车数量。交通流量分配是将起点处的用户采用某种分配方式或用户自己根据某种选路原则到达相应目的地的过程。交通流量分配后的路段、交叉口的流量是检验道路规划是否合理或流量分配效率高低的主要依据之一。

汽车保有量越来越高，择路时用户只追求自己费用最小以及缺乏信息盲目择路是导致交通拥堵的主要原因。在实际交通背景下，优化交通流量分配成为改善交通状况的一个重要举措。从实际出发，本书主要研究时点交通流量已知、时点交通流量未知、时段内交通流量分批依次到达且未来批次交通流量未知情形下的交通流量分配，以期将研究结果用于指导城市交通流量分配或交通网络优化。本书涉及的研究有以下几方面的理论意义和现实意义：首先，为用户出行选择快捷的路径提供指导和帮助；其次，为交通部门扩建或扩展交通网络提供理论指导；再次，在缺乏交通信息的情况下帮助用户选择出行道路，优化交通状况；最后，从时点交通流量分配研究深入到时段内交通流量分配研究，不但与实际情况更为接近，而且丰富了交通流量分配的内容。

1.2　相关研究进展

1.2.1　基于用户均衡的交通流量分配模型

在大规模交通流量分配中，一个重要的问题是降低所有用户的出行总费用，即给定网络中点对之间的交通流量，如何安排能使用户从出发地到目的地所花总费用尽可能小。用户出行时，只考虑自己花费的费用，而不考虑其他用户如何选择路径，现有大部分研究是建立不同情形下的用户均衡模型，以达到逐步优化交通流量分配的目的。如果所有用户完全理性，当交通状况达到用户均衡时，在同一点对之间的不同有流路径上，每个用户旅行费用都相等。由于路段上的旅行费用随路段上的流量增加而增加，因此，用户选择路径的过程，可以看作是用户之间不断博弈的过程，博弈的结果就是用户均衡。

20 世纪 50 年代，Wardrop[1]提出了交通网络上用户均衡的概念，在此基础上，又开展了大量相关研究。当路段上的路阻函数是系数非负、非递减的函数时，Beckmann 等[2]于 1956 年证明了用户均衡流是凸规划问题的最优解，而且具有存在性和唯一性。由于实际交通网络上的交通均衡非常复杂，因此，求解 Wardrop 用户均衡流成为学者们的重要研究课题。Dafermos 等[3]给出了有效计算用户均衡流的方法，随后文献[4]～[10]给出了有效计算用户均衡流的新方法。文献[6]～[11]给出了关于交通流量分配模型的很多性质，并进行了扩展工作。Sheffi[12]采用凸组合规划的方法求解用户均衡流。Leblanc 等[13]将 Frank-Wolfe 算法用于求解 Beckmann 的模型并获得了成功。Chorus 等[14,15]基于后悔理论提出了随机后悔最小模型（random regret minimization model，RRMM）和一般的随机后悔最小模型（generalized random regret minimization model，GRRMM）。我国这方面的研究成果也很丰富，传统的交通模型假设人的行为完全理性，王昕等[16]依据对出行成本的精确计算进行路径选择，从而达到用户均衡或系统最优。李志纯等[17]给出了弹性需求下出行的混合网络均衡条件，提出了与均衡条件等价的变分不等式模型，讨论了模型解的存在性和唯一性，该模型能够有效地描述人们的组合出行行为。郭仁拥等[18]在可变需求网络中考虑交通流量分配的非均衡演化过程，建立了时变拥堵收费和道路通行能力的联合最优控制理论模型。石小法等[19]提出了动态用户均衡配流模型，能够预测多起点对交通网络中交通流的动态变化规律，还可以调控交通网络中的交通流量。吴文祥等[20]研究了平行路径结构的交通网络中信息对交通行为的影响，建立了随机均衡和确定性均衡两种分配模型，分析了信息发布对平均出行成本的影响。赵传林等[21]讨论了基于满意准则的有限理性用户均衡流量分配的性质。李梦等[22]提出了后悔视角下的多用户多准则随机用户均衡模型。黄海军等[23]研究了组合方式下的混合均衡分配问题，提出了与用户均衡分配条件等价的变分不等式。任华玲等[24]讨论了具有能力约束和拥堵排队现象的城市交通流量分配问题，包括时点用户均衡模型和时段内的用户最优模型及求解算法。高自友等[25]给出了增广的用户均衡分配问题的优化模型及求解算法，该方法适用于大型城市交通网的起讫点需求估计问题。任华玲等[26,27]建立了动态用户最优分配问题的变分不等式（variational inequality，VI）模型和改进的动态用户最优（dynamic user optimization，DUO）条件下的变分不等式模型。田丽君等[28]在具有不确定出行时间的交通网络中，假设出行者的参考点异质，服从连续分布函数，且风险偏好参数依赖参考点，建立了一个基于累积前景理论的多用户网络均衡模型。

1.2.2 基于用户均衡的交通流量分配效率

1. 时点交通流量已知时的分配效率

时点交通流量已知是指在某个时点，所有用户能够获知该时点确切的交通流量。用户选择路径时只考虑自己的费用最小，使得交通状况达到用户均衡。用户均衡不一定能使所有用户的旅行费用之和最小，即达到系统最优[29]。理想的交通状态是系统最优。由博弈论的知识可知，用户均衡不一定是系统最优，往往比系统最优差，即用户均衡花费的费用比系统最优花费的费用大[30]。因此，优化不同情形下的用户均衡，并使其尽可能接近系统最优是很有意义的研究工作。交通流量分配效率是在某种交通状态下用户花费的总费用与系统最优总费用的比值，它是衡量交通流量分配效率的重要指标。

Koutsoupias 等[31]给出了最差均衡的概念，并提出用最差用户均衡的总费用与系统最优总费用的比值衡量交通流量分配的效率，并给出了 Wordrop 用户均衡下交通流量分配效率的上界和下界。随后 Mavronicolas 等[32]给出了一些改善结果。Czumaj 等[33,34]定义和研究了装载均衡模型。当路阻函数是流量的线性函数时，文献[35]～[37]给出了相应的研究结果。交通流量任意可分时，Roughgarden 等[38,39]假设路阻函数是系数非负的线性函数，给出的用户均衡时交通流量分配效率是4/3。当路阻函数是系数非负、度数最大为 d 的多项式函数时，给出的用户均衡时交通流量分配效率是 $\left[1-d\left(d+1\right)^{-(d+1)/d}\right]^{-1}$（关于 d 的单调递增函数），文献[38]的结果在文献[40]～[43]中得到了延伸和扩展。Correa 等[44]研究了在有路段能力限制的交通网络上，用户均衡的唯一性被破坏，其中最好用户均衡时的交通流量分配效率和无路段能力限制时用户均衡的交通流量分配效率保持一致。Correa 等[45]指出在单起讫点对的交通网络中，当路阻函数是系数非负的线性函数时，最小化最大流时的交通流量分配效率是 4/3，而且证明了公平最小最大流是存在的。系统最优流时，交通流量分配效率是 1，公平性是 2。用户均衡流时，交通流量分配效率是 4/3，公平性是 1。同时，研究了路阻函数为多项式函数时，最小最大流、系统最优流和用户均衡流的交通流量分配效率及其公平性。Schulz 等[46]研究了带用户约束情形下系统最优流的公平性和交通流量分配效率，用户约束建议用户行驶的路径长度不要比最短路大很多。Busch 等[47]给出了该情形下用户均衡时的交通流量分配效率是 $O(m+\ln n)$，其中 m 是最长路径的长度，$n=|V|$ 是网络中顶点的个数。文献[48]证明了最大化费用问题的交通流量分配效率是 $\sqrt{N}$，其中 N 是用户的数量。在实际交通中往往出现这样的情形，路段上的流量很大且路段中间没有

隔离，或者在没有信号灯控制的路口，不同路段上的车辆之间会相互影响。此情形下，当路阻函数是非对称的、不可分的线性函数时，Perakis[49]证明了达到用户均衡时：当$c^2>2$，交通流量分配效率为c^2；当$c^2\leqslant 2$，交通流量分配效率为$4/(4-c^2)$。路阻函数是非线性函数，并且路阻函数的非线性度为A，当$c^2>2/A$时，交通流量分配效率为$c^2A^2-2(A-1)$；当$c^2\leqslant 2/A$时，交通流量分配效率为$4/(4-c^2A)$，其中c^2是路阻函数雅可比矩阵的非对称度，特别地，对称函数雅可比矩阵的非对称度为$c^2=1$，正半定矩阵的非对称度为$c^2\leqslant 2$。Chau 等[50]研究了路阻函数对称、不可分且需求为弹性时，用户均衡的交通流量分配效率。刘天亮等[51]研究了装有先进的旅行者信息系统（advanced traveler information systems，ATIS）的出行者按照系统最优的原则选择路径，没有 ATIS 的出行者按用户最优原则择路。结果表明，用户均衡时的交通流量分配效率上界与网络结构和交通流量有关，只有特殊情况下，才可以得到与网络需求和网络结构无关的上界。王昕等[52]研究了多用户弹性需求网络的双准则系统最优交通流量分配。马寿峰等[53]在不同交通需求条件下分别设计用户均衡、系统最优与用户均衡协调、系统最优三种均衡思想，验证了系统最优与用户均衡之间协调的博弈模型的可行性和有效性。

2. 时点交通流量已知时的分配效率改善

通过研究用户均衡时的交通流量分配效率，提出改善分配效率的方法。Fleischer 等[54]证明了当形成用户均衡时，系统所花费用往往大于系统最优费用。因此，可采取有效的方法降低用户自由竞争时花费的费用，即提高交通流量分配效率。一般采用的方法有三种：其一，改变路阻函数，如通过收取拥堵费用；其二，改变交通网络结构，如删除边；其三，控制部分用户，如限制部分用户出行或要求用户选择固定路径。在单点对的网络中，Cole 等[55]证明总存在拥堵费用可以使得用户均衡变成系统最优，甚至对异质的用户也存在。当存在有限个不同类型的用户且路阻函数是凸函数时，给出了计算最优费用的有效方法。Gairing 等[56]研究了多项式路阻函数的情形，结果表明混合纳什均衡能够最大化社会成本。Cole 等[57]给出了以下结论，在大规模交通网络中，边际费用不能改善用户均衡的费用，拥堵道路使用费产生的收益也不可能超过删除边带来的收益。在路阻函数为线性函数的网络中，拥堵道路使用费产生的收益不会超过删除边产生的收益；在路阻函数为非线性函数的网络中，拥堵道路使用费产生的收益可能比删除边带来的收益大。对于任意的$\varepsilon>0$，即使在路阻函数为线性函数的网络中，也不存在$4/3-\varepsilon$的近似算法计算最优拥堵道路使用费。Fleischer 等[54]证明了存在拥堵道路使用费能够使得在异质用户的网络中达到系统最优，甚至在路阻函数不可分的网络中达到系统最优。文献[48]证明了对于大部分路阻函数，拥堵道路使用费是有界的，而且，考虑拥堵道路使用费比不考虑拥堵道路使用费的交通状况要好。当路阻函数为系数非负的线性函数且考虑拥堵道路使用费时，交通流量分配效率是5/4。给定某个分布，假设拥堵道路使用费施加给用户的费用不是系统费用的一部分，对于很多类型的路阻函数，Yang 等[58]给出了描述混合行为的用户均衡模型，用变分不等式描述了用户均衡、系统最优及用户的行为，并证明了相应模型的解是存在且唯一的。Swamy[59]证明了在并行路段的网络中，Stackelgberg 博弈模型可以改善交通流量的分配效率，并给出了与控制比例有关的效率。同时，给出了与路阻函数类别有关的效率为$\theta+(1-\theta)\rho(L)$，其中θ是被控制的比例，$\rho(L)$是与函数类别L有关的常数。在并行路段的网络中，Anil Kumar 等[60]设计了多项式时间算法分配交通流量，用户所花费用总和不超过最优费用的$1+\varepsilon$倍。研究发现，当允许多次分配时，两轮以上的分配不会产生更好的分配结果。最经典的 Stackelberg 策略是最大费用路径优先策略和削减策略（SCALE 策略），这两个策略是由 Roughgarden[61]提出的，并证明了最大费用路径优先策略下的交通流量分配效率是$4/(3+\theta)$。随后，Karakostas 等[62]证明了 SCALE 策略下的交通流量分配效率为$\frac{4}{3}-\frac{1}{3}\frac{\left(1-\sqrt{1-\theta}\right)\left(3\sqrt{1-\theta}+1\right)}{2\sqrt{1-\theta+1}}$，并设计了一个接近紧界的算例。同时，给出了强最大费用路径优先策略下的交通流量分配效率，即当$\lambda\in[0,1/3)$，该策略下的交通流量分配效率为4/3；当$\lambda\in[1/3,1]$，该策略下的交通流量分配效率为$\frac{2(1-\lambda)^2}{2-\lambda-\sqrt{4\lambda-3\lambda^2}}$。我国城市混合交通状态复杂多变、随机性大，杜荣华等[63]提出了一种基于博弈论的多用户协作模型，可优化城市交通流量分配。刘小明等[64]对区域交通流量控制的用户组成和结构做了简单说明，然后对路段用户与路口用户的协商策略进行了描述，证实基于用户进行区域交通流量协调控制的有效性。周力等[65]根据城市多路口交通系统的特点，综合考虑各相邻路口和两路口间的交通流量，实时控制各路口交通信号，并加以智能协调，使区域内道路的交通通行能力得到提高，降低车辆的延误时间。尚德申等[66]提出可对城市交通拥堵进行分类，采取不同的判断标准，实现动态分区控制的思想，使控制区域能够适应交通流的不断变化。吴子啸等[67]提出了在道路使用时段内的收费策略。黄海军等[68]用随机均衡和确定性均衡分析了交通信息对交通行为的影响，得到了交通信息的影响不是普遍的，而是有条件的结论。赵彤等[69]从城市交通网络设计角度出发，通过优化计算方法，寻找最优的交通网络新建或改善方案，使有限的资金投入取得最佳的投资效益。

3. 时段内交通流量分批次到达且未来批次交通流量未知的分配效率

以上是时点交通流量已知，交通流量不随时间变化的情形，然而，实际交通中，交通流量常常随时间的变化而变化。假设有n批次连续的交通需求依次到达出发地选择路径到目的地，第i批次的交通流量是r_i。由于缺乏交通信息，第i批次的交通需求到达时用户只知道交通流量$r_1,r_2,\cdots,r_i$，而对于未来的交通流量$r_{i+1},r_{i+2},\cdots,r_n$无法预知。此时，用户必须做出决策将$r_i$单位的交通需求分配到网络上，使得所有用户花费的费用之和尽可能小。对于交通流量任意可分的情形，当路阻函数是系数非负的线性函数时，Harks 等[70]借助变分不等式证明了用户均衡策略的交通流量分配效率是$4n^2/(1+n)^2$；当路阻函数是一般的线性函数时，证明了其分配效率是$4n/(2+n)$，以及下界是$(3n-2)/n$，当$n=2$时，上界是紧界，其中n是交通流量分配的批次数。当路阻函数是系数非负、最大度数为d的多项式函数时，其分配效率是$(d+1)^{d+1}$；当用户可以携带一定比例的流量且路阻函数是系数非负的线性函数时，其分配效率是$\min\left\{\dfrac{2(3k+1)n}{nk+3n+3k+1},\dfrac{5k+1}{k+5},4.92\right\}$，其中$k$和$n$分别是用户的总数量和交通流量分配的总批次数；当路阻函数是系数非负、最大度数为d的多项式函数时，其分配效率是$\left(1+\dfrac{5}{4}d+\dfrac{1}{4}d^2\right)^{d+1}$。Harks[71]利用交通网络中起讫点对的数量界定交通流量分配效率，证明路阻函数是系数非负的线性函数时，用户均衡策略下的交通流量分配效率是$4K/(2+K)$，其中K是起讫点对的数量。对于交通流量不可分的情形，Harks 等[72]指出当路阻函数是系数非负的线性函数时，没有确定性的在线策略。Harks[73]给出了两个在线策略 SEQ 与 SEQ^2，当路阻函数是系数非负、最大度数为d的多项式函数时，证明这两个策略的交通流量分配效率都是$(d+1)^{d+1}$，且该界是紧界，并证明了该问题的下界是$[0.265(d+1)]^{d+1}$；在有一个点对的并行交通网络中，给出了这两个策略下交通流量分配效率的下界是$2-\sqrt{3}/2$。对于交通流量不可分的情形，给出了两个策略 U-SEQ 与 $\mathrm{U\text{-}SEQ}^2$，在同样的路阻函数下，这两个策略的交通流量分配效率是$O(1.77^d d^{d+1})$，并证明了该策略的下界是$[0.5307(d+1)]^{d+1}$。

1.3　交通流量基本理论

1.3.1　交通均衡理论

交通流量分配方法很多，如 0-1 分配法、增量分配法和连续平均法。其中 0-1 分配法又称全有全无分配法。该方法有两个特点，一是不考虑拥堵对走行时间的影响，即认为所有路段的走行时间都为常数，不随路段上的交通流量而变化；二是认为同一组起讫点之间所有用户都选择完全相同的路径。因此，这种分配法的主要计算过程是寻找最短路径。增量分配法是一种近似的平衡分配法，该方法的基本思想是将起讫点之间交通流量平分成若干份，循环地将每一等份的起讫点之间的交通流量分配到网络中。每一次循环分配一等份的起讫点之间的交通流量到相应的最短路径上，每分配一次就重新计算并更新各路段的走行时间，然后按更新后的走行时间重新计算网络中各起讫点对之间的最短路径。连续平均法是不断调整已分配到路段上的交通流量以逐渐接近或达到平衡分配。

由用户择路的特性可知，用户总是希望选择最合适（最短、最快）的路径出行，但交通网络的复杂性和交通状况的不确定性，使得有效的多路径分配很难实现，往往会达到某种平衡状态。最常用的两种多路径分配原则是用户均衡分配原则和系统最优分配原则。

1. 用户均衡分配原则

用户均衡分配原则是 Wardrop 于 1952 年提出的分配原则，称为 Wardrop 第一原则。它以路段的旅行费用随其断面交通流量的变化为前提，假定用户始终选择起讫点间旅行费用最小的路径行驶。该分配原则指出：实际被利用的道路上用户花费的费用都相等，并且比未被使用道路上的费用小。同时也指出：交通状态最终可以假设为一种均衡状态，达到这种均衡状态时，用户不能因为选择新路径而减少旅行费用，因此这种分配原则是非常现实的。该分配原则是在用户掌握了所有路径全部信息的情况下，都选择旅行费用最小路径的结果，又称为用户均衡（user equilibrium，UE）原则，是一种以用户为中心的原则。该原则的提出，为交通分配问题乃至交通规划问题的科学求解做出了卓越贡献。实现 Wardrop 第一原则必须具备以下必要条件或路径选择规则：①所有用户在交通网络上都遵循同一选择路径原则；②所有用户都始终选择旅行费用最小的路径出行；③用户始终掌握路径的全部信息。Wardrop 第一原则假定，所有出行者可独立做出令自己旅行费用最小的决策，在均衡状态下，同一点对之间所有被使用路径的旅行费用相等，并不大于任何未被使用路径的旅行费用，该流量分布状态被称为用户均衡状态，该状态下，没有用户能够通过单方面改变路径达到降低自己费用的目的。

可以证明，符合用户均衡要求的流量分布可以通过求解下列数学规划问题（1-1）得到：

$$\min Z(x)=\sum_{e\in E}\int_0^{x_e} l_e\left(w\right)\mathrm{d}w \tag{1-1a}$$

$$\text{s.t.}\quad \sum_{p\in P_{st}} f_{st}^p = r_{st} \qquad s\in S,t\in T \tag{1-1b}$$

$$f_{st}^p \geqslant 0 \qquad s\in S,t\in T,p\in P_{st} \tag{1-1c}$$

数学规划问题（1-1）中的目标函数是路段路阻函数的积分，本身并没有什么直观的经济含义或行为学解释，是一种用来推导均衡条件的数学构造。其中，E 表示路段集合，$e \in E$；S、T 表示起讫点的集合；P_{st} 表示点对 s、t 之间所有路径的集合，$s \in S, t \in T, p \in P_{st}$；非负数 f_{st}^{p} 表示点对 s、t 之间路径 p 上的流量；非负数 r_{st} 表示点对 s、t 之间的流量；函数 $l_e(w)$ 表示路段 $e \in E$ 上流量为 w 时的旅行费用，它是关于流量非负、非递减的可微函数。

用凸组合算法求解数学规划问题（1-1）的具体步骤如下。

初始化：令路段费用为 $l_e = l_e(0), e \in E,$ 在此基础上执行全有全无分配，产生路段流量 x_e^1，置迭代记数为 $n=1$；

步骤 1：更新路段费用 $l_e^n = l_e^n\left(x_e^n\right), e \in E$；

步骤 2：寻找下降方向。基于 l_e^n 寻找最短路径并进行全有全无分配，产生增广路段流量 y_e^n；

步骤 3：确定最优迭代步长 α^n，即求解下列一维优化问题

$$\min \sum_{e \in E} \int_0^{x_e^n + \alpha\left(y_e^n - x_e^n\right)} l_e(w)\mathrm{d}w, \quad 0 \leqslant \alpha \leqslant 1;$$

步骤 4：更新路段流量 $x_e^{n+1} = x_e^n + \alpha^n\left(y_e^n - x_e^n\right)$，$e \in E$；

步骤 5：如果达到收敛标准，则停止迭代，x_e^{n+1} 是问题的解，否则令 $n = n+1$，转步骤 1。

其中，步骤 3 可以由许多一维搜索方法完成，如二分法、黄金分割法、Fibonacci 法等。步骤 5 的停止准则可以根据目标函数值的下降情况确定，也可以根据前后两次迭代路段流量的变化情况确定，如当

$$\frac{\sqrt{\sum_{e \in E}\left(x_e^{n+1} - x_e^n\right)^2}}{\sum_{e \in E} x_e^n} \leqslant \varepsilon \tag{1-2}$$

成立时，迭代可以停止，其中 ε 是预设的精度参数。

在上述迭代过程中，只需要保存路段流量，不必保存路径流量，因而可以节约计算机内存。该算法实际是将 Frank-Wolfe 算法运用到城市交通网络上，充分利用了交通网络特征[74]。

Frank-Wolfe 算法在很多城市得到了成功应用，至今仍然是解决交通分配问题的有效算法。Frank-Wolfe 算法的收敛率是子线性的，每次迭代的边际贡献随过程而下降，迭代前期阶段收敛快，但后期收敛非常慢，是由于搜索方向 $\left(y^n - x^n\right)$ 逐渐与 x^n 处的梯度 $Z(x^n)$ 正交。Leblanc 等[13]和 Fukushima[75]曾经试图改进该算法的计算效率，研究发现，算法受初始解、交通拥堵程度和停止准则的影响非常大。

在相对不拥堵的网络中，数次迭代就可以得到用户均衡解，是由于每次更新路段流量并不显著改变路段费用，而且最短路径基本不变化。当拥堵程度上升时，需要更多的迭代次数使点对之间的路径费用相等。在实际大型网络中，往往6～10次迭代就可以达到工程应用所需的精度要求，因为实际的交通网络并不是处处都非常拥堵，所以交通规划也不需要那么精确的均衡解。

用户均衡用闭凸集上的变分不等式表示，即求解数学规划问题（1-1）等价于寻找$x^* \in \Omega$，它对所有的$x \in \Omega$都满足：

$$l\left(x^*\right)\left(x - x^*\right) \geqslant 0 \tag{1-3}$$

其中，Ω是可行流组成的集合。

2. 系统最优分配原则

系统最优分配原则是总旅行费用最小化分配原则。该原则是基于整个道路交通系统资源有效利用的原则，属于运输规划问题，也是由Wardrop提出的，称为Wardrop第二原则，也称为系统平衡原则。可以想象，总旅行费用最小化分配原则是道路交通管理者应该注重的原则，借助智能交通系统，将会得以实现。Wardrop第二原则假定所有人的出行能够令网络总费用最小，即有一个中央组织者协调所有人的路径选择行为，大家也都听从该组织的指挥。这样的出行方式形成的流量分布状态被称为系统最优。

Wardrop第二原则对应于求解下列数学规划问题（1-4）：

$$\min Z(x) = \sum_{e \in E} x_e l_e\left(x_e\right) \tag{1-4a}$$

$$\text{s.t.} \quad \sum_{p \in P_{st}} f_{st}^p = r_{st} \qquad s \in S, t \in T \tag{1-4b}$$

$$f_{st}^p \geqslant 0 \qquad s \in S, t \in T, p \in P_{st} \tag{1-4c}$$

显然，数学规划问题（1-4）容易被直观理解，它令系统总旅行费用最小。数学规划问题（1-4）的解被称为系统最优流。其中E表示路段集合，$e \in E$；S、T表示起讫点的集合；P_{st}表示点对s、t之间所有路径的集合，$s \in S, t \in T, p \in P_{st}$；非负数$f_{st}^p$表示点对$s$、$t$之间路径$p$上的流量；非负数$r_{st}$表示点对$s$、$t$之间的流量；函数$l_e\left(x_e\right)$表示路段$e \in E$上流量为$x_e$时的旅行费用，它是关于流量非负、非递减的可微函数。

用户的边际费用如下：

$$l_e^*\left(x_e\right) = l_e\left(x_e\right) + x_e l_e'\left(x_e\right) \tag{1-5}$$

当达到系统最优状态时，用户的边际费用在每条路径上都相等，该费用意义下交通状况达到了用户均衡。上述最优性条件在形式上与数学规划问题（1-1）的最优性条件类似，差别仅在路段费用的定义上。式（1-5）给出的路段费用由两部分构成，$l_e(x_e)$是旅行费用，而$x_e l_e'(x_e)$是单位新增出行者对路段e上已经存在的用户产生的拥堵费用。因此，式（1-5）可以理解为单位新增出行者对路段e费用的边际贡献，即$l_e^*(x_e)=\mathrm{d}\left[l_e(x_e)\right]/\mathrm{d}x_e$，其第二部分被称为外部性。

因此，如果所有出行者均按照式（1-5）计算路段费用，系统最优状态也对应一种均衡。但选择路径时，用户常常只考虑自己的旅行费用（即第一部分），不会考虑自己对别人的影响（即第二部分）。如果对路段上的每个用户施加一种等值于第二部分的费用，则得到由所有用户自由择路形成的用户均衡。用户均衡对应于系统最优流量的分布状态，这就是著名的边际成本定价原理的理论基础。该原理主张使用拥堵路段的人应该支付一笔费用，该费用等于式（1-5）定义的边际社会成本与边际个人成本（即第一部分）之差，按照该原理收费，流量分布可以达到系统最优状态。

除非是特别情况（如所有路段的费用是固定的常数），系统最优流和用户均衡流不会相同。系统最优状态下，所有人能够在统一指挥下协调做出路径选择，令系统的总费用最小，而用户均衡下的个人只在乎自己的费用最小。正常情况下，数学规划问题（1-4）产生的系统总费用小于数学规划问题（1-1）产生的总费用，当网络点对之间的需求比较低时，这两种费用的差别不大，该差别随网络的拥堵程度而变化。因此，在高度拥堵的网络中，收费的效果显著。

理解用户均衡与系统最优之间的差别对于解释 Braess 悖论有益。悖论发现，有时交通网络的改进反而会产生比改进前更差的效果（如更多的系统费用）。理解了用户均衡与系统最优之间的差别就可以知道，悖论只可能发生在按照用户均衡原则进行的交通流量分配情形。因为用户均衡下，每个人都极小化个人的费用，不考虑对别人的影响，尽管系统新增了道路，但没有效果，甚至比以前更差。Braess 悖论说明了对城市交通网络进行系统分析的重要性，并非所有的系统改进措施都能带来期望的效果，有时反而更差。

3. 交通均衡问题分类

交通均衡问题按时点、时段交通流量和路阻函数的形式可以分为以下两类。

1）按时点、时段交通流量分类

时点交通流量均衡分配是固定需求型（fixed demand，FD），交通流量不随时间变化而变化；时段交通流量均衡分配是变动需求型（variable demand，VD），交通流量随时间变化而不断变化。

2）按路阻函数的形式分类

路阻函数是指路段旅行费用与路段上流量之间的函数关系，它是交通流量分配的关键。美国联邦公路局给出的路阻函数为$l(x)=l(0)\left[1+\alpha\left(x/C\right)^{\beta}\right]$，其中$l(x)$表示路段上流量为$x$时的旅行费用；$l(0)$表示路段上流量为 0 时的旅行费用，为路段长度与流量为 0 时的车速之比；x表示路段上的流量；C表示路段实际通行能力，一般建议取$\alpha=0.15,\beta=4$。

对于可分的路阻函数，路阻函数值的大小只与该路段上的流量有关，与其他路段上的流量无关，是流量的一元函数；对于不可分的路阻函数，路阻函数值的大小不但与该路段上的流量有关，而且与其他路段上的流量有关，是流量的多元函数。

1.3.2 在线理论

作为城市出行高效有序的重要内容和手段，研究不确定交通环境下的车辆择路行为和相应的交通政策有助于理解城市交通拥堵的形成机理，从而提出行之有效的解决措施和政策建议[76,77]。1973 年，“在线算法”作为专业术语出现在 Johnson[78]的论文中。1985 年，Sleator 等[79,80]对换页问题给出的研究结论触发了在线问题研究的热潮，如在线金融计算[81-83]、在线设备更新[84]、在线 k 服务器问题[85-87]和在线负载均衡问题等[88-90]。随着大量在线问题的提出，该研究方向已经成为运筹与优化领域中的热点之一，相关的研究成果也与日俱增。其中，代表性的在线问题可归纳为以下 3 类：①k 服务器问题，由 Manasse 等[91]于 1988 年提出。由于应用范围非常广泛，此问题的研究具有重要理论与实际价值，可参考文献[92]～[99]。②换页问题。Sleator 等[79]证明了先进先出（first in first out，FIFO）策略达到确定性策略下交通流量分配效率的下界。因此，后续工作主要针对该问题的各种拓展或者对随机策略设计进行研究，如 Albers[100]、Achlioptas 等[101]的研究。③度量任务系统（metrical task system，MTS）问题，由 Borodin 等[102,103]提出并进行的相关研究。该问题最经典的算法是 Fiat 等[104]提出的工作函数算法（work function algorithm，WFA）。该算法的不足之处在于设计与分析相对复杂，实际操作性不强。经济管理领域中，由于许多问题的输入、决策特征与在线模型非常吻合，因此在该领域也提出了许多在线问题，并取得了大量研究成果。例如，①在线租赁问题，经典例子有 Karp[105]、El-Yaniv 等[106]研究的租雪橇问题；②在线组合投资问题，该问题在证券投资等管理领域具有非常普遍的应用，引发了学者们的关注，其中 Cover[107]、Jamshidian[108]研究了该问题优化模型的构建和分析。

在线问题具有两个重要的特征，其一，问题的输入具有动态过程；其二，存在不确定性因素。本书所研究的时段内交通流量分批到达且未来批次交通流量未知的分配问题具有以上典型特征。交通流量分批次到达，因此在当前时点不能获知未来时点的交通流量。解决时段内交通流量分配所用的方法是在线方法，所设计的策略称为在线策略，一个在线策略是指交通部门所采用的一种管理规则或控制方式。

在线问题的输入是分批次获知的。对于每批次的输入，在线算法需要在没有未来信息的情况下给出相应的输出策略，因此，在线算法往往得不到问题的最优解。考虑最小费用问题P，$R=\{r_1,r_2,\cdots,r_n\}$为P的输入序列，A为求解问题P的算法，$C_{\mathrm{A}}(R)$是在算法A下对应给定输入R得到的输出。对于在线问题P，输入$R=\{r_1,r_2,\cdots,r_n\}$，算法A输出为$C_{\mathrm{A}}(R)=\{C_{\mathrm{A}}(r_1),C_{\mathrm{A}}(r_1,r_2),\cdots,C_{\mathrm{A}}(r_1,r_2,\cdots,r_i,\cdots,r_n)\}$。下批次输入到来之前，在线算法A在获知第$i$时期的输入$r_i$后应给出第$i$时期的输出$C_{\mathrm{A}}(r_1,r_2,\cdots,r_i)$。在线问题所对应的离线问题对于确定的输入$R$，可以输出离线问题的最优解，记为$C_{\mathrm{opt}}(R)$。

记$C_{\mathrm{A}}(R)$为算法A对于在线问题P的费用，$C_{\mathrm{opt}}(R)$为对应在线问题P的离线问题的最优费用，如果存在与序列无关的常数c和α，使得如下关系成立：

$$C_{\mathrm{A}}(R)\leqslant c\cdot C_{\mathrm{opt}}(R)+\alpha \tag{1-6}$$

则称c为算法A的竞争比。如果$\alpha=0$，则称算法A是严格的c竞争。

算法A对应于决策者在处理在线问题时所采用的竞争策略，称为策略A，策略A在变化因素的每一个特例中都能给出一个方案，且使之离最优方案总在一定的比例之内。该比例就是算法A或策略A的竞争比。

研究交通流量分配，即研究某种分配方式下的交通流量分配效率。如果算法A计算系统(G,r,l)所花费用为$C_{\mathrm{A}}(G,r,l)$，那么系统最优分配下所花费用为$C_{\mathrm{SO}}(G,r,l)$。若存在常数$\rho\geqslant 1$，使得

$$C_{\mathrm{A}}(G,r,l)\leqslant \rho C_{\mathrm{SO}}(G,r,l) \tag{1-7}$$

则称ρ为采用算法A分配时的分配效率。

事实上，竞争比c与式（1-7）中的交通流量分配效率ρ在本质上一样，都表示某种分配方式下用户实际花费的总费用与系统最优总费用之间的接近程度，比值越小，表明分配策略越好，否则策略越差。

1.4 研究思路和本书主要内容

用户出行时只考虑自己的费用，而不考虑其他用户费用，且常常遭遇交通拥堵及不确定状况。因此，应针对实际交通中交通流量分配效率过低的问题，寻求不同情形下的交通流量分配策略，给出优化方案，以改善交通流量分配效率。

1.4.1　研究思路

首先，研究用户群体流量分配问题。时点交通流量已知的情形下，讨论一般网络上用户基于不同费用选择路径和方格网络上用户仅基于旅行费用选择路径的问题，建立数学模型，讨论相应的交通流量分配效率；时点交通流量未知的情形下，讨论所有用户对交通流量进行悲观预期和乐观预期时的交通流量分配效率、时段内交通流量依次到达且下批次交通流量未知的交通流量分配效率。其次，研究不确定情形下个体选择路径问题。主要有时间不确定时的单车路径优化、带有时间窗的不确定时间多车路径优化和多配送中心双目标的路径优化等问题，建立相应的优化模型、设计求解算法，并进行数值分析。

1.4.2　主要内容

本书第 2～5 章主要从群体行为特征出发，研究交通流量已知和未知时的流量分配问题，探讨交通流量分配策略和分配效率；第 6～9 章主要从个体选择路径需求出发，研究车辆路径优化问题，建立数学模型、设计求解算法并进行数值分析。

第 2 章，研究时点交通流量已知且基于两种费用的分配效率。针对用户仅基于旅行费用选择出行路径导致交通流量分配效率过低的问题，讨论用户选择路径时基于零流费用和拥堵费用情形下的交通流量分配模型，分别分析路阻函数是线性函数和多项式函数情形下的交通流量分配效率，并给出相应的算例。最后建立基于旅行费用和拥堵道路使用费选择路径的模型，设计最小收费策略，且分析该收费策略下的交通流量分配效率，并同以往的研究结果进行比较。

第 3 章，研究时点交通流量已知且基于旅行费用时方格网络上的分配效率。一般网络情形下，交通流量分配方案效率较低。本章基于城市方格交通网络的典型结构，研究用户追求旅行费用最小时的交通流量分配效率。首先研究一部分用户可控，而对于另外一部分不可控的情形，设计 SCALE 策略分配可控的用户，并得到 SCALE 策略下线性路阻函数和连续路阻函数下的交通流量分配效率；其次研究方格网络上所有用户都不可控的情形，讨论路阻函数是线性函数和二次函数的交通流量分配效率；最后同已有结果进行比较。

第 4 章，研究时点交通流量未知时具有用户预期的分配效率。以往研究都假定时点交通流量已知，实际上，由于缺乏交通信息，用户出行时不能获知起点处的交通流量。针对上面的问题，本章假设用户出行时对交通流量有一个预期，根据预期的交通流量进行路径选择。主要讨论两种极端情形：悲观预期和乐观预期时的交通流量分配效率。

第 5 章，研究时段内交通流量分批次到达且未来批次未知时的分配效率。针对某个时段内有 n 批次的交通流量依次从出发地到达目的地，在当前时点用户无法确定未来批次的交通流量就必须决策如何分配交通流量，针对该问题分别研究路阻函数可分和不可分的情形。当路阻函数可分时，与以往均衡策略不同，采用贪婪策略分配交通流量，并讨论该策略下的交通流量分配效率。当路阻函数不可分且是不对称线性函数时，采用用户均衡策略分配交通流量，并讨论该策略下的交通流量分配效率。

第 6 章，阐述车辆路径优化问题和求解算法。首先，对车辆路径优化问题进行介绍，包括问题描述、构成要素和问题分类三个部分；其次，介绍车辆路径问题的求解算法和算法选取；最后，重点介绍遗传算法，为模型求解做好理论基础。

第 7 章，研究不确定时间的单车路径优化。首先，介绍不确定理论的内容和相关概念。其次，研究实际配送中配送时间不确定的单车路径优化问题，以配送时间最短为优化目标，在期望的置信水平下建立不确定规划模型，根据不确定理论及方法将其转化为确定型模型，并给出模型求解的方法。最后，通过实际算例说明模型的有效性，并验证不确定变量分布状况假设的合理性。

第 8 章，研究带时间窗的不确定时间多车路径优化。假设配送中心有多辆车完成配送任务，基于车辆在配送点之间旅行时间的不确定性，满足客户时间窗要求及车辆承载质量的限制，以配送成本为优化目标，建立车辆配送路径优化模型，采用遗传算法对模型进行求解，并给出实例数据，通过计算机仿真得出最优路径。

第 9 章，研究不确定时间的多配送中心双目标路径优化。随着配送网络的扩大，企业由多个配送中心共同完成配送任务，以提高配送速度。在此背景下，首先，对多配送中心路径问题进行描述，基于配送时间的不确定性，建立成本和时间的双目标优化模型；其次，在模型求解过程中，赋予时间和成本期望的权重，将双目标问题处理成单目标问题；最后，设计遗传算法求解模型，并进行算法仿真，得出最优路径并对模型进行灵敏度分析。

本章首先针对汽车保有量的日益增加，用户出行时常常遭遇交通拥堵或不确定状况的问题，介绍了其研究背景及意义。其次阐述了已有交通流量分配优化模型、求解方法和相应分配效率，并介绍了涉及的相关基础理论。最后给出了本书的研究思路和主要内容。

参 考 文 献

[1] WARDROP J G. Some theoretical aspects of road traffic research[C]. ICE Proceedings Engineering Divisions, Ottawa, 1952: 325-362.

[2] BECKMANN M, MCGUIRE C B, WINSTEN C B. Studies in the Economics of Transportation[M]. New Haven: Yale University Press, 1956.

[3] DAFERMOS S C, SPARROW F T. The traffic assignment problem for a general network[J]. Journal of Research of the National Bureau of Standards Section B Mathematical Sciences, 1969, 73(2): 91-118.

[4] FLORIAN M. Nonlinear cost network models in transportation analysis[J]. Mathematical Programming Study, 1986, 26: 167-196.

[5] FLORIAN M, HEARN D. Network equilibrium models and algorithms[J]. Handbooks in Operations Research and Management Science, 1995, 8(1): 485-550.

[6] GAO Z Y, SUN H J, SHAN L L. A continuous equilibrium network design model and algorithm for transit systems[J]. Transportation Research Part B, 2004, 38(3): 235-250.

[7] ISMET S, MARWAN A S. A flow and routing control policy for communication networks with multiple competitive users[J]. Journal of the Franklin Institute, 2006, 343(2): 168-180.

[8] NESTEROV Y, DE PALMA A. Stable dynamics in transportation systems[J]. Discrete Dynamics in Nature & Society, 2000, 31: 377-385.

[9] ORDA A, ROM R, SHIMKIN N. Competitive routing in multiuser communication networks[J]. IEEE/ACM Transactions on Networking, 1993, 1(5): 510-521.

[10] AASHTIANI H Z, MAGNANTI T L. Equilibria on a congested transportation network[J]. SIAM Journal on Algebraic and Discrete Methods, 1981, 2(3): 213-226.

[11] DAFERMOS S. Traffic equilibrium and variational inequalities[J]. Transportation Science, 1980, 14(1): 42-54.

[12] SHEFFI Y. Urban transportation networks: Equilibrium analysis with mathematical programming methods[J]. Transportation Research Part A: General, 1986, 20(1): 76-77.

[13] LEBLANC L J, HELGASON R V, BOYCE D E. Improved efficiency of the Frank-Wolfe algorithm for convex network programs[J]. Transportation Science, 1985, 19(4): 445-462.

[14] CHORUS C G, ROSE J M, HENSHER D A. Regret minimization or utility maximization: It depends on the attribute[J]. Environment and Planning Part B: Planning and Design, 2013, 40(1): 154-169.

[15] CHORUS C G. A generalized random regret minimization model[J]. Transportation Research Part B: Methodological, 2014, 68: 224-238.

[16] 王昕, 黄海军. 基于非线性时间价值的多用户出行均衡与系统最优[J]. 系统管理学报, 2012, 21(6): 819-824.

[17] 李志纯, 黄海军. 弹性需求下的组合出行模型与求解算法[J]. 中国公路学报, 2005, 18(3): 94-98.

[18] 郭仁拥, 黄海军. 道路收费和通行能力的联合最优控制理论模型[J]. 交通运输系统工程与信息, 2007, 7(6): 61-66.

[19] 石小法, 王炜. 动态用户均衡配流模型的研究[J]. 系统工程理论与实践, 2001, 21(1): 130-134.

[20] 吴文祥, 黄海军. 平行路径网络中信息对交通行为的影响研究[J]. 管理科学学报, 2003, 6(2): 12-16.

[21] 赵传林, 黄海军. 基于满意准则的有限理性用户均衡流量分配性质研究[J]. 系统工程理论与实践, 2014, 34(12): 3073-3078.

[22] 李梦, 黄海军. 后悔视角下的多用户多准则随机用户均衡模型[J]. 系统工程理论与实践, 2017, 37(5): 1322-1330.

[23] 黄海军, 李志纯. 组合出行方式下的混合均衡分配模型及求解算法[J]. 系统科学与数学, 2006, 26(3): 352-361.

[24] 任华玲, 高自友. 乘子法在求解拥堵交通问题中的应用[J]. 中国安全科学学报, 2003, 13(12): 31-35.

[25] 高自友, 四兵峰. 从路段流量估计OD交通流量的新算法[J]. 交通运输系统工程与信息, 2002, 2(1): 30-41.
[26] 任华玲, 高自友. 动态用户最优配流问题的投影算法研究[J]. 管理工程学报, 2006, 20(13): 113-115.
[27] 任华玲, 高自友. 关于动态用户最优模型的几点分析[J]. 系统工程, 2003, 21(5): 109-113.
[28] 田丽君, 黄海军, 许岩. 具有异质参考点的多用户网络均衡模型[J]. 管理科学学报, 2014, 17(7): 1-9.
[29] DUBEY P. Inefficiency of Nash equilibria[J]. Mathematics of Operations Research, 1986, 11(1): 1-8.
[30] 谢识予. 经济博弈论[M]. 上海: 复旦大学出版社, 2002.
[31] KOUTSOUPIAS E, PAPADIMITRIOU C. Worst case equilibria[C]. Proceedings of the 16th Symposium on Theoretical Aspects of Computer Science, Trier, 1999: 404-413.
[32] MAVRONICOLAS M, SPIRAKIS P. The price of selfish routing[J]. Algorithmica, 2007, 48(1): 91-126.
[33] CZUMAJ A, KRYSTA P, VOCKING B. Selfish traffic allocation for server farms[C]. Proceedings of the 34th Annual ACM Symposium on the Theory of Computing, Montreal, 2002: 287-296.
[34] CZUMAJ A, KRYSTA P, VOCKING B. Tight bounds for worst-case equilibria[C]. Proceedings of the 13th Annual ACM-SIAM Symposium on Discrete Algorithms, San Francisco, 2002: 413-420.
[35] COHEN J E, HOROWITZ P. Paradoxical behaviour of mechanical and electrical networks[J]. Nature, 1991, 352: 699-701.
[36] FRANK M. The Braess paradox[J]. Mathematical Programming, 1981, 20(1): 283-302.
[37] STEINBERG R, ZANGWILL W I. The prevalence of Braess' paradox[J]. Transportation Science, 1983, 17(3): 301-318.
[38] ROUGHGARDEN T, TARDOS E. How bad is selfish routing?[J]. Journal of the ACM, 2002, 49(2): 236-259.
[39] ROUGHGARDEN T. The price of anarchy is independent of the network topology[J]. Journal of Computer and System Sciences, 2003, 67(2): 341-364.
[40] FRIEDMAN E J. A generic analysis of selfish routing[R]. Ithaca: Working Paper, 2001.
[41] ROUGHGARDEN T, TARDOS E. Bounding the inefficiency of equilibria in nonatomic congestion games[J]. Games and Economic Behavior, 2004, 47(2): 389-403.
[42] SCHULZ A S, STIER-MOSES N. On the performance of user equilibria in traffic networks[C]. Proceedings of the 14th Annual ACM-SIAM Symposium on Discrete Algorithms, Baltimore, 2003: 86-87.
[43] VETTA A. Nash equilibria in competitive societies with applications to facility location, traffic routing and auctions[C]. Proceedings of the 43rd Annual Symposium on Foundations of Computer Science, Vancouver, 2002: 416-425.
[44] CORREA J, SCHULZ S, STIER-MOSES N. Selfish routing in capacitated networks[J]. Mathematics of Operations Research, 2004, 29(4): 961-976.
[45] CORREA J, SCHULZ S, STIER-MOSES N. Fast, fair, and efficient flows in networks[J]. Operations Research, 2007, 55(2): 215-225.
[46] SCHULZ S, STIER-MOSES N. Efficiency and fairness of system-optimal routing with user constraints[J]. Networks, 2006, 48(4): 223-234.
[47] BUSCH C, MAGDON-ISMAIL M. Atomic routing games on maximum congestion[J]. Theoretical Computer Science, 2009, 410(36): 3337-3347.
[48] CHRISTODOULOU G, KOUTSOUPIAS E. The price of anarchy of finite congestion games[C]. Proceedings of the Annual ACM Symposium on Theory of Computing, Baltimore, 2005: 67-73.

[49] PERAKIS G. The price of anarchy when costs are non-separable and asymmetric[C]. Proceedings of the 10th International Integer Programming and Combinatorial Optimization Conference, Berlin, 2004: 46-58.

[50] CHAU C K, SIM K M. The price of anarchy for non-atomic congestion games with symmetric cost maps and elastic demands[J]. Operations Research Letters, 2003, 31(5): 327-334.

[51] 刘天亮, 欧阳恋群, 黄海军. ATIS 作用下的混合交通行为网络与效率损失上界[J]. 系统工程理论与实践, 2007, 27(4): 154-159.

[52] 王昕, 黄海军. 多用户弹性需求网络的双准则系统最优交通分配[J]. 系统工程理论与实践, 2011, 31(1): 94-102.

[53] 马寿峰, 卜军峰, 张安训. 交通诱导中系统最优与用户最优的博弈协调[J]. 系统工程学报, 2005, 20(1): 30-37.

[54] FLEISCHER L, JAIN K, MAHDIAN M. Tolls for heterogeneous selfish users in multicommodity networks and generalized congestion games[C]. Proceedings of the 45th Annual IEEE Symposium on Foundations of Computer Science, Rome, 2004: 277-285.

[55] COLE R, DODIS Y, ROUGHGARDEN T. Pricing network edges for heterogeneous selfish users[C]. Proceedings of the 35th Annual ACM Symposium on Theory of Computing, New York, 2003: 521-530.

[56] GAIRING M, LÜCKING T, MAVRONICOLAS M, et al. The price of anarchy for polynomial social cost[J]. Theoretical Computer Science, 2006, 369: 116-135.

[57] COLE R, DODIS Y, ROUGHGARDEN T. How much can taxes help selfish routing?[J]. Journal of Computer and System Sciences, 2006, 72(3): 444-467.

[58] YANG H, ZHANG X, MENG Q. Stackelberg games and multiple equilibrium behaviors on networks[J]. Transportation Research Part B: Methodological, 2007, 41(8): 841-861.

[59] SWAMY C. The effectiveness of stackelberg strategies and tolls for network congestion games[C]. Proceedings of the 18th Annual ACM-SIAM Symposium on Discrete Algorithms, New Orleans, 2007: 1133-1142.

[60] ANIL KUMAR V S, MARATHE M V. Improved results for stackelberg scheduling strategies[C]. Proceedings of the 29th International Colloquium on Automata, Languages and Programming, New Mexico, 2002: 776-787.

[61] ROUGHGARDEN T. Stackelberg scheduling strategies[J]. SIAM Journal on Computing, 2004, 33(2): 332-350.

[62] KARAKOSTAS G, KOLLIOPOULOS S G. Stackelberg strategies for selfish routing in general multicommodity networks[J]. Algorithmica, 2009, 53(1): 132-153.

[63] 杜荣华, 吴泉源. 城市区域交通协调控制中的多 Agent 博弈研究[J]. 计算机工程与科学, 2007, 29(4): 120-123.

[64] 刘小明, 王飞跃. 基于 Agent 的区域交通流协调控制的研究[J]. 计算机工程, 2003, 29(9): 45-47.

[65] 周力, 陈跃东, 江明. 基于城市区域路网的分散协调控制研究[J]. 自动化与仪器仪表, 2007(3): 1-4.

[66] 尚德申, 石建军, 隋莉颖, 等. 交通区域动态划分及其控制研究[J]. 交通科技, 2007(6): 82-84.

[67] 吴子啸, 黄海军. 瓶颈道路使用收费的理论及模型[J]. 系统工程理论与实践, 2000, 20(1): 130-135.

[68] 黄海军, 吴文祥. 交通信息对交通行为影响的评价模型[J]. 系统工程理论与实践, 2002, 22(10): 81-84, 104.

[69] 赵彤, 高自友. 城市交通网络设计问题中的双层规划模型[J]. 土木工程学报, 2003, 36(1): 6-10.

[70] HARKS T, VEGH L A. Nonadaptive selfish routing with online demands[C]. Combinatorial and Algorithmic Aspects of Networking, Halifax, 2007: 27-45.

[71] HARKS T. Nash equilibrium in online sequential routing games[R]. Berlin: Zuse Institute Berlin, 2006.

[72] HARKS T, HEINZ S, PFETSCH M E. Competitive online multicommodity routing[J]. Theory of Computing Systems, 2009, 45(3): 533-554.

[73] HARKS T. Online multicommodity routing with time windows[R]. Berlin: Zuse Institute Berlin, 2007.

[74] FRANK M, WOLFE P. An algorithm for quadratic programming[J]. Naval Research Logistic Quarterly, 1956, 3(1-2): 95-110.

[75] FUKUSHIMA M. A modified Frank-Wolfe algorithm for solving the traffic assign ment problem[J]. Transportation Research Patr B: Methodological, 1984, 18(2): 169-177.

[76] GAN H C, BAI Y. The effect of traveltime variability on route choice decision: A generalized linear mixed model based analysis[J]. Transportation, 2014, 41(2): 339-350.

[77] 田丽君, 吕成锐, 黄文彬. 基于累积前景理论的合乘行为建模与研究[J]. 系统工程理论与实践, 2016, 36(6): 1576-1584.

[78] JOHNSON D S. Near-optimal bin packing algorithms[D]. Boston: Massachusetts Institute of Technology, 1973.

[79] SLEATOR D D, TARJAN R E. Amortized efficiency of list update and paging rules[J]. Communications of the ACM, 1985, 28(2): 202-208.

[80] SLEATOR D D, TARJIAN R E. Self-adjusting binary search trees[J]. Journal of the ACM, 1985, 32: 652-686.

[81] ALON N, KARP R M, PELEG D, et al. A graph-theoretic game and its application to the *k*-server problem[J]. SIAM Journal on Computing, 1995, 24: 78-100.

[82] AZAR Y. Lower bounds for threshold and symmetric functions in parallel computation[J]. SIAM Journal on Computing, 1997, 21(2): 329-338.

[83] EL-YANIV R, FIAT A, KARP R M, et al. Optimal search and one-way trading online algorithms[J]. Algorithmica, 2001, 30(1): 101-139.

[84] EL-YANIV R, FIAT A, KARP R M, et al. Competitive analysis of financial games[C]. Proceedings of 33rd Annual Symposium on Foundations of Computer Science, Pittsburgh, 1992: 327-333.

[85] AZAR Y, BARTAL Y, FEUERSTEIN E, et al. On capital investment[J]. Algorithmica, 1999, 25: 22-36.

[86] BERMAN P, KARLOFF H, TARDOS R. A competitive 3-server algorithm[C]. Proceedings of the 1st ACM-SIAM Symposium on Discrete Algorithms, San Francisco, 1990: 280-290.

[87] BARTAL Y, GROVE E. The harmonic *k*-server algorithm is competitive[J]. Journal of the ACM, 2000, 47(1): 1-15.

[88] BARTAL Y, KOUTSOUPIAS E. On the competitive ratio of the work function algorithm for the *k*-server problem[C]. Proceedings of the 17th Annual Symposium on Theoretical Aspects of Computer Science, Lille, 2000: 605-613.

[89] BAR-NOY A, CANETTI R, KUTTEN S, et al. Bandwidth allocation with preemption[J]. SIAM Journal on Computing, 1995, 28(5): 1806-1828.

[90] ASPNES J, AZAR Y, FIAT A, et al. On-line routing of virtual circuits with applications to load balancing and machine scheduling[J]. Journal of the ACM, 1997, 44(3): 486-504.

[91] MANASSE M, MCGEOCH L A, SLEATOR D. Competitive algorithms for on-line problems[C]. Proceedings of 20th Annual ACM Symposium on Theory of Computing, Chicago, 1988: 322-333.

[92] GROVE E. The Harmonic online *k*-server algorithm is competitive[C]. Proceedings of 23rd Annual ACM Symposium on Theory of Computing, New Orleans, 1991: 260-266.

[93] 堵丁柱. *k* 车服务问题与竞争算法[J]. 数学的实践与认识, 1991(4): 36-40.

[94] KARLOFF H, RABANI Y, RAVID Y. Lower bounds for randomized *k*-server and motion-planning algorithms[J]. SIAM Journal on Computing, 1994, 23(2): 293-312.

[95] BARTAL Y, ROSEN A. The distributed *k*-server problem–A competitive distributed translator for *k*-server algorithms[J]. Journal of Algorithms, 1997, 23(2): 241-264.

[96] BEIN W, CHROBAK M, LARMORE L. The 3-server problem in the plane[C]. Proceedings of European Symposium on Algorithms, Prague, 1999: 301-312.

[97] BLUM A, KARLOFF H, RABANI Y, et al. A decomposition theorem for task systems and bounds for randomized server problems[J]. SIAM Journal on Computing, 2000, 30(5), 1624-1661.

[98] CHROBAK M, KARLOFF H, PAYNE T, et al. New results on the server problem[J]. SIAM Journal on Discrete Mathematics, 1991, 4: 172-181.

[99] CHROBAK M, SGALL J. A simple analysis of the harmonic algorithm for two servers[J]. Information Processing Letters, 2000, 75: 75-77.

[100] ALBERS S. On the influence of lookahead in competitive paging algorithms[J]. Algorithmica, 1997, 18(3): 283-305.

[101] ACHLIOPTAS D, CHROBAK M, NOGA J. Competitive analysis of randomized paging algorithms[J]. Theoretical Computer Science, 2000, 234(1-2): 203-218.

[102] BORODIN A, LINIAL N, SAKS M. An optimal online algorithm for metrical task systems[C]. Proceedings of 19th Annual ACM Symposium on Theory of Computing, New York, 1987: 373-382.

[103] BORODIN A, EL-YANIV R. Online Computation and Competitive Analysis[M]. Cambridge: Cambridge University Press, 1998.

[104] FIAT A, WOEGINGER G J. Online Algorithms: The State of the Art[M]. Berlin: Springer-Verlag, 1998.

[105] KARP R M. On-line algorithms versus off-line algorithms: How much is it worth to know the future?[C]. Proceedings of 12th World Computer Congress, Madrid, 1992: 7-11.

[106] EL-YANIV R, KANIEL R, LINIAL N. Competitive optimal online leasing[J]. Algorithmica, 1999, 25(1): 116-140.

[107] COVER T M. Universal portfolios[J]. Mathematical Finance, 1991, 1(1): 1-29.

[108] JAMSHIDIAN F. Asymptotically optimal portfolios[J]. Mathematical Finance, 1992, 2(2): 131-150.

第2章　时点交通流量已知且基于两种费用的分配效率

道路交通网络是指公路交通网络和城市道路交通网络，公路和城市道路是道路运输的基础设施。公路是指城市郊区之外、连接城乡间距离较长的道路。城市道路是指城市范围内的道路，主要担负城市范围内的交通运输任务。交通网络由节点和路段构成，节点可以代表出发地、目的地，也可以是十字路口。一条路径由若干连通的路段构成，某路段上的流量是经过该路段所有路径上的流量总和。出发地产生交通流量，目的地吸引交通流量。交通需求就是从出发地到目的地的一种出行行为，完成出行要选择出发地与目的地之间的路径。

用户从出发地至目的地有多条路径可供选择，如何选择出行路径，与出行时所考虑的费用有关。部分用户仅考虑自己的旅行费用，只要能尽快到达目的地就可以，而部分用户不但要考虑旅行费用，还要考虑行驶路径上的其他费用，如拥堵费用、被收取的道路使用费等。如果选择的路径比较拥堵，就希望实际旅行费用少一些，如果选择的路径比较畅通，实际旅行费用多一些也可以被接受。用户选择路径时考虑的费用不同，最终的交通状态也不相同。当所有用户选定出行路径时，他们花费的费用总和就确定了。

2.1　基于零流费用和拥堵费用的分配效率

不管用户选择路径的原则是什么，每个用户都希望自己所考虑的出行费用最小。因此，用户出行时常常不管其他用户如何选择路径，从而导致系统花费的总费用过大。如果每个用户出行时基于费用类别相同（如只基于旅行费用或基于旅行费用和拥堵费用），且都追求该费用最小，最终的交通状态是在有流的路径上，每个用户花费的费用都相同，即达到了该选择路径原则下的均衡状态。

用户出行时仅考虑旅行费用，这种单方面考虑出行费用选择路径的特性会导致系统的费用过大，这方面研究成果已经很多，以往研究通常假设用户出行时只基于旅行费用，这种假设和实际有一定的差距。在实际交通中，用户择路时除了考虑所选路径的长度，还会考虑所选路径是主干道还是辅道，即道路的宽度。路径长度反映了通过该路径时的零流费用，路径宽度则反映了路径的拥堵程度，如主辅道上增加相同用户，费用变化往往不同。在实际交通中，用户出行时不仅仅关注所选路径的长度，所选路径上的旅行费用也是用户关心的问题。因为有可能出现所选路径很短，但道路很窄，发生堵塞的情况，增加少量的用户，旅行费用会大量增加；相反，所选路径比较长，但道路很宽，当该路径上增加很多车辆时，用户的旅行费用也不会增加太多。因此，用户常常会权衡多方面费用去选择出行路径。本节主要研究用户出行时，同时考虑多种费用来选择出行路径，以达到用户均衡时的交通流量分配效率。

将路段的长度转化为旅行费用，可以近似认为路段长度等价于该路段上的零流费用(零流费用等于路段长度与没有用户时在该路段上的通行速度之比)。$l_e'(x)$ 表示路段 e 上流量为 x 时，增加 1 单位的流量，该路段上费用的增加量，路段越宽，增加 1 单位的流量，旅行费用增加量越小；路段越窄，增加 1 单位的流量，旅行费用增加量越大。因此，$l_e'(x)$ 反映了路段 e 上旅行费用的变化情况，或者是路段上流量为 x 时的拥堵程度，$l_e'(x)$ 越大，表明此时该路段拥堵程度越大，反之拥堵程度越小。当路段 e 上有 x 单位的流量时，该路段上产生的拥堵费用是 $xl_e'(x)$。用户出行时常常会考虑拥堵费用。如果将用户对拥堵的感知和旅行费用进行转换，对于用户而言，拥堵费用 $xl_e'(x)$ 对应的费用是 $\eta(x)xl_e'(x)$，$\eta(x)$ 是拥堵费用和旅行费用的转换函数。为了便于分析，假设转换函数是常函数，则拥堵费用 $xl_e'(x)$ 对应的旅行费用是 $\eta xl_e'(x)$。所讨论的路阻函数具有一般性，因此，当 η 是常数时，η 对交通流量分配效率没有任何影响，即将拥堵费用当作出行费用的一部分看待。

当用户所选路径上的旅行费用一样，行驶在拥堵道路上的用户显然不划算。被选择路径的旅行费用同其他用户的旅行费用一样，而且拥堵程度较高，从理性的角度，用户不会选择这样的路径。本节从实际交通情形出发，研究用户出行时基于零流费用和拥堵费用选择路径，即研究基于费用 $x_el_e'(x)+l_e(0)$ 选择出行路径时的交通流量分配效率。

2.1.1 基于零流费用和拥堵费用的模型构建

交通网络中，某时点用户从起点出发到达讫点，在起点处每个用户已知确定的交通流量。起点和讫点之间有多条路径可供用户选择，路段的通行能力不受限制。用户在已知交通流量的情形下，根据零流费用和拥堵费用选择自己的出行路径，当达到均衡状态时，所有用户从起点到讫点的旅行总费用是本节的主要研究内容[1,2]。

考虑有向交通网络 $G=(V,E)$，其中 V 为节点集，E 为路段集。P_i 表示点对 s_i、t_i 之间所有路径的集合，非负数 f_p 表示路径 p 上的流量，路段 e 上的流量

$f_e = \sum_{p,e\in p} f_p$。函数 $l_e = l_e(f_e)$ 表示路段 $e \in E$ 上流量为 f_e 时的旅行费用，它是关于流量非负、非递减的可微函数，$l_e(0)$ 表示路段 e 上的零流费用，$f_e l'_e(f_e)$ 表示路段 $e \in E$ 上流量为 f_e 时的拥堵费用，非负实数 r_i 是点对 s_i、t_i 之间的交通流量，如果对于所有的 i 有 $\sum_{p\in p_i} x_p = r_i$ 成立，则称流量 x 是可行流。将 (G,r,l) 称为交通网络是 G，交通流量是 r，路阻函数是 l 时的交通系统，简称系统。综上可知，任意可行流 x 的旅行总费用可表示为 $C(x)=\sum_i \sum_{p\in P_i} l_p(x)x_p = \sum_{e\in E} l_e(x)x_e$。

用户出行时，路径 p 上会有各种不同的费用。零流费用、旅行费用和边际费用之间的大小关系如图 2-1 所示。其中 $l_p(0)$、$l_p(x)$、$l_p(x)+x_p l'_p(x)$ 分别表示路径 p 上的零流费用、流量为 x 时的旅行费用和边际费用。

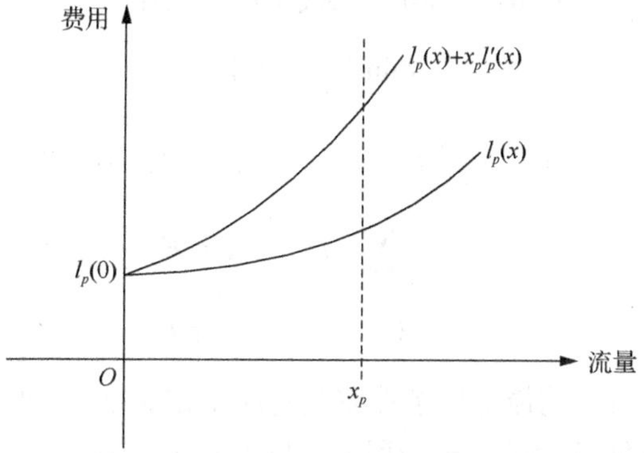

图 2-1　费用之间大小关系示意图

为了便于讨论，给出如下定义。

定义 2-1：基于费用 $f_p \cdot l'_p(f_p)+l_p(0)$ 的用户均衡流 f 是指对于所有的 $i\in\{1,2,\cdots,k\}$，$p_1,p_2\in P_i$ 且 $f_{p_1}>0$，有 $f_{p_1}\cdot l'_{p_1}(f_{p_1})+l'_{p_1}(0) \leqslant f_{p_2}\cdot l'_{p_2}(f_{p_2})+l'_{p_2}(0)$ 成立。记用户均衡流 f 下的旅行总费用为 $C(f)=\sum_e f_e l_e(f_e)$。

由定义 2-1 可知，在有流路径 p_1、p_2 上，对于每个用户而言，费用 $f_{p_1}\cdot l'_{p_1}(f_{p_1})+l'_{p_1}(0)=f_{p_2}\cdot l'_{p_2}(f_{p_2})+l'_{p_2}(0)$。可知，如果用户所选的路径越长，即零流费用越大，则拥堵费用越小；所选的路径越短，零流费用越小，则拥堵费用越大。

2.1.2　基于零流费用和拥堵费用的分配效率分析

由于每个用户的选路方式一样，最终交通状态在费用 $f_p \cdot l'_p(f_p)+l_p(0)$ 意义下达到用户均衡。接下来分析所有用户根据费用 $f_p \cdot l_p'\left(f_p\right)+l_p(0)$ 选择路径达到用户均衡时交通流量的分配效率。

为了便于展开讨论，给出几个重要的结论。

定理 2-1：假设 (G,r,l) 的路阻函数是系数非负、非递减的函数，所有用户以追求费用 $f_p \cdot l_p'\left(f_p\right)+l_p(0)$ 最小的路径为目标选择出行路径，则存在 (G,r,l) 的可行流是基于费用 $f_p \cdot l_p'\left(f_p\right)+l_p(0)$ 下的用户均衡流。如果 f 和 $\tilde{f}$ 都是基于费用 $f_p \cdot l_p'\left(f_p\right)+l_p(0)$ 下的用户均衡流，则 $C(f)=C\left(\tilde{f}\right)$。

证明：分为存在性证明和唯一性证明两部分。

存在性证明。令 $h_e=\int_0^x t l_e'(t)+l_e(0)\mathrm{d}t$，则每一个 h_e 是凸的、可微的函数且有非递减的导数 $x l_e'(x)+l_e(0)$。分析凸规划问题（2-1）：

$$\min \sum_{e\in E} h_e\left(f_e\right) \tag{2-1a}$$

$$\text{s.t.} \quad \sum_{p\in P_i} f_p = r_i \qquad \forall i\in\{1,2,\cdots,k\} \tag{2-1b}$$

$$f_e=\sum_{p\in P, e\in p} f_p \qquad \forall e\in E \tag{2-1c}$$

$$f_p \geqslant 0 \qquad \forall p\in P_i \tag{2-1d}$$

凸规划问题（2-1）的最优性条件完全对应于定义 2-1 的特征。换言之，凸规划问题（2-1）的最优解就是基于费用 $f_p \cdot l_p'\left(f_p\right)+l_p(0)$ 时形成的用户均衡流，是由于式（2-2）和式（2-3）成立：

$$C_{p_1}'\left(f_p\right)=\sum_{e\in p_1} h_e'\left(f_e\right)=\sum_{e\in p_1} f_e l_e'\left(f_e\right)+l_e(0)=f_{p_1} l_{p_1}'\left(f_{p_1}\right)+l_{p_1}(0) \tag{2-2}$$

$$C_{p_2}'\left(f_p\right)=\sum_{e\in p_2} h_e'\left(f_e\right)=\sum_{e\in p_2} f_e l_e'\left(f_e\right)+l_e(0)=f_{p_2} l_{p_2}'\left(f_{p_2}\right)+l_{p_2}(0) \tag{2-3}$$

由凸规划问题（2-1）的可行域是有界闭集和目标函数的连续性可知，基于费用 $f_p \cdot l_p'\left(f_p\right)+l_p(0)$ 时的用户均衡流是存在的。

唯一性证明。现假设 f 和 $\tilde{f}$ 都是用户基于费用 $f_p \cdot l_p'\left(f_p\right)+l_p(0)$ 下的用户均衡流，由凸规划问题（2-1）目标函数的凸性可知，如果在每条边 e 上有流量 $f_e \neq \tilde{f}_e$，则函数 h_e 的图像是这两个函数值之间的一条直线（否则，$f,\tilde{f}$ 的任意一个凸组合将是凸规划问题（2-1）的可行解且有更小的函数值）。因此，$f_e \cdot l_e'\left(f_e\right)+l_e(0)$ 必定是一个常数，这意味着对所有的路段 $e\in E$，有

$$f_e l_e'(f_e)+l_e(0)=\tilde{f}_e l_e'\left(\tilde{f}_e\right)+l_e(0) \tag{2-4}$$

从而 $C(f)=C\left(\tilde{f}\right)$。

定理得证。

定理 2-1 说明了当路阻函数具有非负性、非递减性和凸性时，用户均衡流不但具有存在性，而且具有唯一性。存在性使得讨论交通流量分配效率成为可能；唯一性使得讨论交通流量分配效率更加简单，也更具有实际意义。

下面讨论用户基于费用 $f_p \cdot l_p'(f_p)+l_p(0)$ 选择路径，且路阻函数是系数非负、非递减凸函数和系数非负多项式函数的情形时，形成用户均衡流的交通流量分配效率。

1. 路阻函数是系数非负、非递减凸函数的情形

为了方便展开讨论，先给出下面几个定义。

当路段上的路阻函数是系数非负、非递减凸函数 l 时，定义函数 $a(l)$ 如下。

定义 2-2：假设 (G,r,l) 有非负、非递减凸路阻函数 l，令 $a(l)=\sup\limits_{r>0,l(r)>0}\left[\lambda\mu+(1-\lambda)t\right]^{-1}$，其中 $\lambda\in[0,1]$ 是方程 $l^*(\lambda r)=r\cdot l'(r)+l(0)$ 的解，$t=\dfrac{\left[r\cdot l'(r)+l(0)\right]}{l(r)}\in[1,+\infty)$，$\mu=\dfrac{l(\lambda r)}{l(r)}\in[0,1]$。

定义 2-2 中的参数 λ 是存在且唯一的。参数 λ 满足 $l^*(r)=r\cdot l'(r)+l(r)\geqslant r\cdot l'(r)+l(0)=l^*(\lambda r)$，而且路阻函数 $l(x)$ 是连续函数，由拉格朗日中值定理可知，存在唯一的 λ 使得等号成立，从而参数 t、μ 的值也是存在且唯一的。

定义 2-3：令 $a(L)=\sup\limits_{0\neq l\in L}a(l)$，其中 L 是非负、非递减凸函数集合。$a(L)$ 是与函数 L 类别有关的参数，函数的类别不同，$a(L)$ 取值则不同。

由定义 2-2 和定义 2-3 可知，不等式 $\lambda\mu+(1-\lambda)t\geqslant 1/a(L)$ 成立。

引理 2-1：假设交通网络 G 中每条路段上的路阻函数是系数非负、非递减凸函数，则有 $C(f^*)\geqslant\sum\limits_e\left\{l_e(\lambda_e f_e)\lambda_e f_e+(f_e^*-\lambda_e f_e)\left[f_e l_e'(f_e)+l(0)\right]\right\}$ 成立。其中，$\lambda_e\in[0,1]$ 是方程 $l^*(\lambda_e f_e)=f_e\cdot l_e'(f_e)+l_e(0)$ 的解，f^* 和 f 分别是 (G,r,l) 的系统最优流和基于费用 $f_p l_p'(f_p)+l_p(0)$ 的用户均衡流。

证明：每个路段 e 上的路阻函数 l_e 是凸函数，由定义 2-3 可知 $\lambda_e\in[0,1]$ 是存在且唯一的，而且当路段 e 流量为 x_e 时，路阻函数的边际路阻函数 $l_e^*(x_e)=l_e(x_e)+x_e l_e'(x_e)$ 关于 x_e 非递减，对于每个路段 e，有

$$\begin{aligned} l_e\left(f_e^*\right)f_e^* &= l_e\left(\lambda_e f_e\right)\lambda_e f_e + \int_{\lambda_e f_e}^{f_e^*} l_e^*(x)\mathrm{d}x \\ &\geqslant l_e\left(\lambda_e f_e\right)\lambda_e f_e + \left(f_e^* - \lambda_e f_e\right)l_e^*\left(\lambda_e f_e\right) \\ &= l_e\left(\lambda_e f_e\right)\lambda_e f_e + \left(f_e^* - \lambda_e f_e\right)\left[f_e \cdot l'_e\left(f_e\right) + l_e(0)\right] \end{aligned} \tag{2-5}$$

不等式（2-5）两边对所有的路段 e 求和可以得到引理 2-1 的结论。

引理得证。

引理 2-1 讨论的是系统最优流 f^* 和用户均衡流 f 所花总费用的关系，采用用户均衡流所花费用界定系统最优流所花费用，给出了系统最优流时用户所花总费用的一个下界，即 $\sum\limits_e\left\{l_e\left(\lambda_e f_e\right)\lambda_e f_e + \left(f_e^* - \lambda_e f_e\right)\left[f_e \cdot l'_e\left(f_e\right) + l_e(0)\right]\right\}$，为进一步讨论交通流量分配效率奠定了基础。

引理 2-2： 假设交通网络 (G,r,l) 的路阻函数是系数非负、非递减凸函数，f 是基于费用 $f_p \cdot l'_p\left(f_p\right) + l_p(0)$ 选择路径时网络上形成的用户均衡流，f' 是网络上任意一个可行流，则关系式 $\sum\limits_e\left[f_e \cdot l'_e\left(f_e\right) + l_e(0)\right]f_e \leqslant \sum\limits_e\left[f_e \cdot l'_e\left(f_e\right) + l_e(0)\right]f'_e$ 成立。

证明：由于 f 是基于费用 $f_p \cdot l'_p\left(f_p\right) + l_p(0)$ 选择路径时网络上形成的用户均衡流，$L_i\left(f_p\right) = f_p \cdot l'_p\left(f_p\right) + l_p(0)$ 表示点对 s_i、t_i 之间有流路径上的费用，其中 $p \in P_i$，$f_p > 0$，那么

$$\sum_{i=1}^{k} L_i(f)r_i = \sum_e\left[f_e \cdot l'_e\left(f_e\right) + l_e(0)\right]f_e \tag{2-6}$$

由 f 是用户均衡流可知，对于所有路径 $p \in P_i$，有流路径上的费用不大于无流路径上的费用，即 $f_p l'_p\left(f_p\right) + l_p(0) \geqslant L_i\left(f_p\right)$ 成立。于是

$$\begin{aligned} &\sum_e\left[f_e \cdot l'_e\left(f_e\right) + l_e(0)\right]f'_e \\ &= \sum_{i=1}^{k}\sum_{p\in P_i}\left[f_p \cdot l'_p\left(f_p\right) + l_p(0)\right]f'_p \\ &\geqslant \sum_{i=1}^{k} L_i\left(f_p\right)r_i = \sum_e\left[f_e \cdot l'_e\left(f_e\right) + l_e(0)\right]f_e \end{aligned} \tag{2-7}$$

引理得证。

引理 2-2 研究的是用户均衡流费用与任意可行流费用之间的量化关系。任意可行流也包括用户均衡流，因此，从另外一个角度，定理 2-1 讨论的是用户均衡流和系统最优流之间的费用关系。

定理 2-2： 假设 f 是 (G,r,l) 中基于费用 $f_p \cdot l'_p\left(f_p\right)+l_p(0)$ 择路时形成的用户均衡流，f^* 是它的系统最优流，则有 $\rho(f) \leqslant a(L)$ 成立，其中 L 是非负、非递减凸函数集合，路阻函数 $l \in L$，$a(L)$ 见定义 2-3。

证明：由于 f 是 (G,r,l) 中基于费用 $f_p l'_p\left(f_p\right)+l_p(0)$ 择路时形成的用户均衡流，f^* 是它的系统最优流，根据引理 2-2 可得

$$
\begin{aligned}
C\left(f^*\right) &\geqslant \sum_e\left\{l_e\left(\lambda_e f_e\right)\lambda_e f_e+\left(f_e^*-\lambda_e f_e\right)\left[f_e \cdot l'_e\left(f_e\right)+l_e(0)\right]\right\} \\
&=\sum_e\left[\mu_e \lambda_e+\left(1-\lambda_e\right)t_e\right]f_e \cdot l_e\left(f_e\right)+\sum_e\left(f_e^*-f_e\right)\left[f_e \cdot l'_e\left(f_e\right)+l_e(0)\right] \\
&\geqslant \sum_e\left[\mu_e \lambda_e+\left(1-\lambda_e\right)t_e\right]f_e \cdot l_e\left(f_e\right)
\end{aligned} \qquad (2\text{-}8)
$$

由 $\lambda\mu+(1-\lambda)t \geqslant 1/a(L)$ 得

$$
C\left(f^*\right) \geqslant \sum_e \frac{f_e \cdot l_e\left(f_e\right)}{a(L)}=\frac{C(f)}{a(L)} \qquad (2\text{-}9)
$$

定理得证。

若路阻函数满足非负性、非递减性和凸性，用户基于费用 $f_p \cdot l'_p\left(f_p\right)+l_p(0)$ 选择路径时，定理 2-2 给出了交通流量分配效率的上界 $a(L)$，或者定理 2-2 给出了交通流量分配效率的计算方法。根据定义 2-3 计算出参数 $a(L)$ 的值，就可以得到交通流量分配效率。

多项式函数具有非负、非递减凸函数的性质。下面给出路阻函数是系数非负多项式函数的情况下，交通状况达到用户均衡时的交通流量分配效率。

2. 路阻函数是系数非负多项式函数的情形

路阻函数是系数非负、度数最高为 d 的多项式函数 $l \in L_d=\left\{\sum_{i=1}^d a_i x^i, a_i \geqslant 0\right\}$，其中 d 是非负整数。定理 2-3 给出了路阻函数 $l \in L_d$ 时的交通流量分配效率。

定理 2-3： 假设 (G,r,l) 的路阻函数 $l \in L_d$，则用户基于费用 $f_p \cdot l'_p\left(f_p\right)+l_p(0)$ 选择路径形成用户均衡流时的交通流量分配效率是 $4/3$。

证明：由于 $L_d=\left\{\sum_{i=1}^d a_i x^i, a_i \geqslant 0\right\}$ 且包含常函数，将 L_d 中的函数 $\sum_{i=1}^d a_i x^i, a_i \geqslant 0$ 拆开，记为 $M_d \equiv\left\{a_i x^i : a_i \geqslant 0, i \in\{0,1,2,\cdots,d\}\right\}$，用 $(d+1)$ 条边替换交通网络 G 中的每条边，其中第 $(i+1)$ 边上的路阻函数是 $l_i(x)=a_i x^i$。

根据定义 2-2 和定义 2-3，对于 M_d 中任意非零路阻函数 $l(x)=a_i x^i$ 计算 $a(L)$。如果 $i=0$，则 $a(L)=1$，否则 l^* 也是严格递增的函数，而且 λ 由 $r>0$ 唯一确定，在这种情况下，可计算出 $\lambda=[i/(i+1)]^{1/i}$，$\mu=\lambda^i=i/(i+1)$，$t=i$，因此

$$[\lambda\mu+(1-\lambda)t]^{-1}=\left\{\left(\frac{i}{i+1}\right)^{\frac{1}{i}}\left(\frac{i}{i+1}\right)+\left[1-\left(\frac{i}{i+1}\right)^{\frac{1}{i}}\right]i\right\}^{-1} \tag{2-10}$$

由于式（2-10）与 r 无关，且关于 $i\in(0,d]$ 单调递减，因此当路阻函数是系数非负的线性函数时，M_d 中的函数有最大值 $a(M_d)$。通过计算可知，式（2-10）关于变量 $i\neq 0$ 单调递减，因此，当 $i=1$ 时该式取最大值，即路阻函数的最大度数为 1 时，交通流量分配效率取最大值。通过计算可得

$$\sup_{(G,r,l)}\rho(f)=a(M_d)=4/3 \tag{2-11}$$

定理得证。

定理 2-3 表明，当路阻函数是多项式函数且用户基于费用 $f_p\cdot l'_p(f_p)+l_p(0)$ 选择路径时，交通流量分配效率是 $4/3$，该结果与多项式的最大度数 d 无关。

对于系数非负的多项式路阻函数，用户均衡流和系统最优流的总旅行费用的比值不大于 $4/3$。当用户出行时，基于费用 $f_p\cdot l'_p(f_p)+l_p(0)$ 选择路径分配流量所花旅行费用同基于旅行费用最少时用户所花旅行费用相比，达到用户均衡时，基于费用 $f_p\cdot l'_p(f_p)+l_p(0)$ 的情形下，所有用户花费的总旅行费用更接近系统最优时的总旅行费用。从该意义上来说，当用户基于费用 $f_p\cdot l'_p(f_p)+l_p(0)$ 选择路径时，交通状况得到了很好的改善。

在方格网络上，同一点对之间不同路径上的零流费用相同，如果用户基于费用 $f_p\cdot l'_p(f_p)+l_p(0)$ 选择出行路径，当路阻函数是系数非负的线性函数 $l_e(x)=a_e x_e+b_e$ 时，有 $f_e l_e(f_e)+l_e(0)=a_e x_e+b_e$。因此，当路阻函数是线性函数时，在方格网络上用户基于费用 $f_p\cdot l'_p(f_p)+l_p(0)$ 选择出行路径，交通状况达到用户均衡时的交通流量分配效率是 1。

定理 2-4： 假设网络 G 是方格网络，所有的用户都基于费用 $f_p\cdot l'_p(f_p)+l_p(0)$ 选择出行路径，路段上的路阻函数是系数非负、度数最大为 d 的多项式函数时，交通状况达到用户均衡时的交通流量分配效率是1.1。

证明：根据定理 2-3，当$i \geqslant 2$时，式（2-10）右边是关于i的递减函数。因此，令$i=2$，可得

$$\left[\lambda\mu+(1-\lambda)t\right]^{-1}=\left\{\left(\frac{2}{3}\right)^{\frac{1}{2}}\left(\frac{2}{3}\right)+\left[1-\left(\frac{2}{3}\right)^{\frac{1}{2}}\right]2\right\}^{-1}=1.1 \tag{2-12}$$

定理得证。

定理 2-4 说明，在方格网络上用户基于费用$f_p \cdot l'_p\left(f_p\right)+l_p(0)$选择出行路径，同样也可以改善交通状况。

2.1.3　基于零流费用和拥堵费用的算例分析

下面通过算例分析用户基于费用$f_p \cdot l'_p\left(f_p\right)+l_p(0)$选择路径，达到用户均衡时的交通流量分配效率。如图 2-2 所示，构造具有两个并行路段的网络，其路阻函数具有一定的特殊性，分别是$l_1(x)=1,\ l_2(x)=x^d$。该算例具有很强的代表性，这是由于在该网络中，当有 1 单位的交通流量时，若用户仅基于旅行费用选择路径，用户均衡总费用与系统最优总费用的比值是关于d的增函数；当d趋于无穷大时，该比值也趋于无穷大。下面在图 2-2 的基础上，探讨基于零流费用和拥堵费用选择路径时交通流量的分配效率，并比较所得结果。

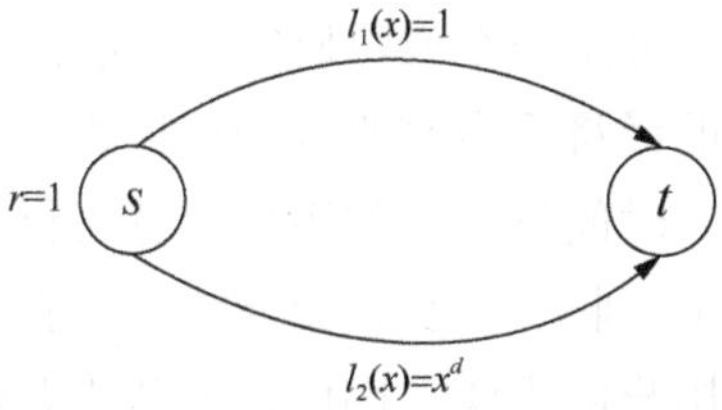

图 2-2　具有特殊路阻函数的并行路段网络

如果用户都追求旅行费用最小的路径出行，显然用户均衡流的总费用是 1，而系统最优流的总费用是$1-d\cdot(d+1)^{-(d+1)/d}$，当d趋于无穷大时，用户均衡流的费用远远大于系统最优流的费用。如果用户追求$f_p \cdot l'_p\left(f_p\right)+l_p(0)$最小的路径出行，用户均衡流的总费用是$1-(d-1)d^{-(d+1)/d}$，系统最优流的总费用保持不变，当$d$趋于无穷大时，用户均衡流总费用趋于系统最优流总费用，交通状况接近系统最优状态。该例说明用户按照费用$f_p \cdot l'_p\left(f_p\right)+l_p(0)$选择路径时，交通状况会得到很大的改善。

2.2　基于旅行费用和拥堵道路使用费的分配效率

拥堵道路收费不同于传统意义上的高速公路（桥梁）收费，后者主要是为了缓解公路建设资金的短缺问题，收取的大部分费用用于偿还贷款本息，而前者是在城市交通严重拥堵的情形下，通过对使用者收费引导和调节交通流量，达到缓解交通拥堵的目的。交通控制中很重要的一个经济手段是收取拥堵道路使用费，迫使用户沿着有利于改善交通状况的路径出行，因此，如何收取拥堵道路使用费是很重要的研究方向，包括收费的地点、时间和额度等的研究。拥堵道路使用费在很多国家的实施取得了明显的效果，达到了改善交通状况的目的。例如，新加坡、英国等国家采用拥堵道路使用收费策略确实在提高车辆行驶速度方面取得了明显的效果，缓解了城市交通压力。但在我国拥堵道路使用收费策略还未普遍实施。由公众的反馈与相关的调查研究可知，一个城市实施收费的时机是否成熟，主要体现在以下几个方面：对拥堵道路使用收费的态度、可接受的收费额度、收费资金的利用、收费地域、收费时段、收费车辆类型和收费方法（直接、间接）。收费时要考虑的一个重要问题是确定收费额度大小，某些情况下所收取的拥堵道路使用费比通过该路径所花费用大得多，这样会增加用户的总费用，总费用非常大时引起用户的不满，使得拥堵道路使用费这个经济手段难以推广实施。因此，如何确定拥堵道路使用费的额度是一个值得研究的问题。

缓解交通拥堵，主要的经济手段是收取拥堵道路使用费，即用户要通过某条路径必须支付一定的费用。时间价值高的用户愿意支付该费用，而时间价值低的用户选择其他路径。事实上，收费太少，交通状况改善不明显；收费太多，会使用户的总费用过大，引起用户的不满。因此，本节主要研究拥堵道路使用收费的额度，以及在该收费额度下交通流量的分配效率。同时，寻找合适的收费策略使得拥堵道路使用费额度既可以保证交通状况达到系统最优，又不会过大增加用户的费用，从而得到用户的支持。

2.2.1　基于旅行费用和拥堵道路使用费的模型构建

本小节研究静态交通流量分配中拥堵道路使用收费问题。用户在交通网络上行驶的过程中要交纳一定的拥堵道路使用费。通过收取拥堵道路使用费对用户进行控制，以期达到系统最优。收费额度的确定和交通流量分配效率问题是本节研究的主要内容[3]。

考虑有向交通网络 $G=(V,E)$，其中 V 为节点集，E 为路段集；P_i 表示点对

s_i、t_i 之间所有路径的集合，$i=1,2,\cdots,k$，$P=\bigcup_{i=1}^{k}P_i$；非负数 f_p 表示路径 p 上的流量，路段 e 上的流量 $f_e=\sum\limits_{p,e\in p}f_p$；函数 $l_e=l_e(f_e)$ 是非负、非递减凸函数，表示路段 $e\in E$ 上流量为 f_e 时的旅行费用；非负实数 r_i 是点对 s_i、t_i 之间的交通流量。如果对于所有的 i，$\sum\limits_{p\in P_i}x_p=r_i$ 成立，则称流量 x 是可行流。综上可知，任一可行流 x 的总费用可表示为 $C(x)=\sum\limits_{p\in P}l_p(x)x_p=\sum\limits_{e\in E}l_e(x)x_e$，系统最优流是能使 $C(s)=\min\limits_{x}C(x)$ 成立的流 s。记路径 p 上对用户所收取的拥堵道路使用费为 $\tau_p(x)$，则该路径上用户所花费用为 $l_p(x)+\tau_p(x)$，在收费情形下，所有用户花费的费用总和是 $C_\tau(x)=\sum\limits_{p}\left[l_p(x)+\tau_p(x)\right]x_p$，下面主要研究 $\dfrac{C_\tau(x)}{C(x)}$ 的大小。

2.2.2　最小收费策略及基本性质

通过收取拥堵道路使用费进行交通控制是很重要的交通控制方法之一，这方面已有很多相关研究。经典的收费策略是边际收费策略，即如果某个路段 e 上的旅行费用是 $l_e(f_e)$，边际费用是 $l_e(f_e)+f_el_e'(f_e)$，则边际收费策略下对行驶在路段 e 上的用户收取 $f_el_e'(f_e)$ 单位的费用。该策略具有以下特点：

（1）每个用户补偿给外部所有用户造成的全部损失，因此收费额度过大；

（2）不考虑用户对收费的态度，一味追求交通状况达到系统最优。

虽然边际收费策略能使交通状况达到系统最优，但对用户所收费用额度过大，以至于在很多城市收费政策无法实行或实施效果不佳。

能否有一种收费策略能使交通状况达到系统最优，且收费额度比边际收费额度小（考虑到用户对收费的态度），是值得思考的重要问题。结合用户追求自己旅行费用最小的特性和系统最优流的特点，设计合理的收费额度改善交通状况，具有很重要的理论意义和现实意义。在图 2-3 中，横轴表示路径上的流量，纵轴表示路径上用户的旅行费用，$l_p(0)$ 表示路径 p 上的零流费用，$l_p(x)$ 表示路径 p 上流量为 x 时的旅行费用。如果用户选择路径 p 的依据都是追求旅行费用 $l_p(x)$ 最小，则交通状况就是 Wordrop 意义下的用户均衡。$l_p(x)+x_pl_p'(x)$ 表示流量为 x 时，用户在路径 p 上的边际费用，由旅行费用 $l_p(x)$ 和拥堵费用（外部不经济）$x_pl_p'(x)$ 两部分组成；如果用户按照 $l_p(x)$ 选择路径，且在通行路径 p 上被收取的拥堵道路使用费是 $x_pl_p'(x)$，则交通状况会达到系统最优状态。边际收费策略是对每个用户收取 $x_pl_p'(x)$ 单位的费用，迫使用户沿着系统最优路径出行。

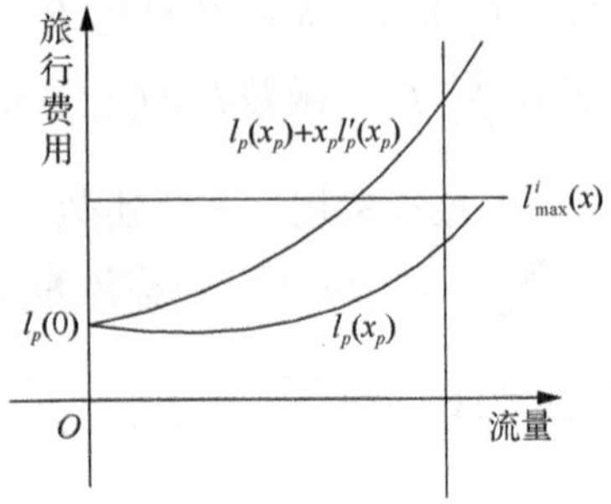

图 2-3　流量与旅行费用的函数关系示意图

为了设计出更好的收费策略，首先分析网络上形成系统最优流时，路径 p 上的边际费用、点对之间的最大旅行费用和路径 p 上的旅行费用之间的大小关系。假设 (G,r,l) 的系统最优流为 f^{opt}，令 $l_{\max}^i\left(f^{\text{opt}}\right)=\max\limits_{p\in P_i}\left\{l_p\left(f_p^{\text{opt}}\right)\mid f_p^{\text{opt}}>0\right\}$，由于形成系统最优流时，任意有流路径 $p\in P_i$ 上边际费用满足 $l_p\left(f_p^{\text{opt}}\right)+f_p^{\text{opt}}l_p'\left(f_p^{\text{opt}}\right)=l_{\max}^i\left(f^{\text{opt}}\right)+f_{\max}^{\text{opt}}l_{\max}^{i'}\left(f^{\text{opt}}\right)$。据此，则关系式：

$$l_p\left(f_p^{\text{opt}}\right)+f_p^{\text{opt}}l_p'\left(f_p^{\text{opt}}\right)\geqslant l_{\max}^i\left(f^{\text{opt}}\right)\geqslant l_p\left(f_p^{\text{opt}}\right) \tag{2-13}$$

成立。图 2-3 给出了这三种费用之间的大小关系。

由于每个用户完全理性，可以准确计算出自己所花费的出行费用，即旅行费用与被收取的拥堵道路使用费之和。在收取拥堵道路使用费的情形下，当交通状况达到用户均衡时，每条有流路径上，每个用户花费的旅行费用与被收取的拥堵道路使用费之和相等。根据以上分析，设计如下最小收费策略：

（1）计算 (G,r,l) 的系统最优流 f^{opt}；

（2）令 $l_{\max}^i=\max\left\{l_p^i\left(f^{\text{opt}}\right)\right\},p\in P_i,i=1,2,\cdots,k$；

（3）路径 $p\in P_i$ 上所收拥堵道路使用费为 $\tau_p^i=l_{\max}^i\left(f^{\text{opt}}\right)-l_p^i\left(f^{\text{opt}}\right),i=1,2,\cdots,k$。

根据最小收费策略可知，在点对 s_i、t_i 之间，每条路径上每个用户花费的旅行费用与拥堵道路使用费之和都为 $l_{\max}^i$，此时，每个用户在每条路径上被收取的费用都可以由系统最优流确定。当路阻函数是系数非负、连续可微的函数时，由于系统最优流是存在且唯一的，且是某个凸规划问题的解，因此用户被收取的拥堵道路使用费很容易确定。

下面研究该收费策略具有的性质。

性质 2-1： 假设 f^{opt} 是 (G,r,l) 的系统最优流，最小收费策略是使得网络上流量达到系统最优流 f^{opt} 的收费额度最小的策略。

证明：根据最小收费策略可知，只有当网络上的流量是系统最优流时，在同一点对之间不同路径上，旅行费用与被收取的费用之和才相等。因此，由用户完全理性可知，达到收费意义下的用户均衡时，网络上的流量是系统最优流。

用反证法证明该策略所收费用额度最小。记τ_p^i是最小收费策略下点对s_i、t_i之间路径p上收取的拥堵道路使用费。如果路径p上存在更小的拥堵道路使用费$\psi_p^i\left(<\tau_p^i\right)$，则在该路径上用户花费的费用为

$$l_p^i\left(f^{\text{opt}}\right)+\psi_p^i<l_p^i\left(f^{\text{opt}}\right)+\tau_p^i=l_{\max}^i\left(f^{\text{opt}}\right) \tag{2-14}$$

可以看到，当用户被收取的拥堵道路使用费是ψ_p^i时，不同路径上用户实际花费的费用不相等，与达到用户均衡时同一点对之间不同路径上用户花费费用相等矛盾。

性质得证。

正因为该收费策略具有性质 2-1 所描述的特点，所以称其为最小收费策略。可知，在点对s_i、t_i之间的有流路径上，每个用户花费的费用都为$l_{\max}^i\left(f^{\text{opt}}\right)$，且此时网络上的流量是系统最优流。因此，该收费策略既保证了每个用户花费的费用相等，又能使交通状况达到系统最优状态。

性质 2-2：假设(G,r,l)的系统最优流为f^{opt}，最小收费策略在路径p上收取的拥堵道路使用费为τ_p，而边际收费策略在该路径上所收取的拥堵道路使用费为τ_{mp}，则$\tau_p\leqslant\tau_{\text{mp}}$。

证明：根据边际收费策略可知，在路径p上用户被收取的拥堵道路使用费为

$$\begin{aligned}\tau_{\text{mp}}&=f_p^{\text{opt}}l_p'\left(f_p^{\text{opt}}\right)=L^*-l_p\left(f_p^{\text{opt}}\right)\\&\geqslant l_{\max}\left(f_p^{\text{opt}}\right)-l_p\left(f_p^{\text{opt}}\right)=\tau_p\end{aligned} \tag{2-15}$$

其中，$L^*=l_p\left(f_p^{\text{opt}}\right)+f_p^{\text{opt}}l_p'\left(f_p^{\text{opt}}\right)$。

注：如果该路径上的路阻函数是常函数，在最小收费策略和边际收费策略下都不向用户收取拥堵道路使用费，故式（2-15）中等号成立。

性质得证。

性质 2-2 讨论的是最小收费策略和边际收费策略在同一条路径上所收取的拥堵道路使用费之间的大小关系。结果表明，最小收费策略所收取的费用不会大于边际收费策略所收取的费用，当路阻函数都不是常函数时，且严格小于边际收费策略所收取的费用，降低了所收费用的额度。从该意义上来说，最小收费策略更容易得到用户的支持和认可，使得拥堵道路使用费策略有效实施的可能性增大。

性质 2-3：假设(G,r,l)的系统最优流f^{opt}和用户均衡流f相等，则最小收费策略在任何路径上都不收费，而边际收费策略仍然要收取一定的拥堵道路使用费。

证明：由于 $f^{\text{opt}}=f$，因此，对于任意点对 s_i、t_i 之间的路径 $p\in P_i$，都有 $l_p\left(f^{\text{opt}}\right)=l_{\max}^i\left(f^{\text{opt}}\right)$，最小收费策略在路径 p 上收取的拥堵道路使用费为 $\tau_p^i=l_{\max}^i\left(f^{\text{opt}}\right)-l_p\left(f^{\text{opt}}\right)=0$。在边际收费策略下，用户被收取的拥堵道路使用费是 $f_p l_p'\left(f_p^{\text{opt}}\right)$，显然，只要路径 $p\in P_i$ 上有流或路阻函数不是常函数，则用户要被收取拥堵道路使用费。

性质得证。

性质 2-3 讨论的是最小收费策略与边际收费策略之间所收费用的关系，从该性质可知，最小收费策略可对所有用户不收费，且保证交通状况达到系统最优，而边际收费策略必须收取一定的拥堵道路使用费。在路阻函数不是常函数的有流路径上一定会对用户收费，这是上述两种收费策略的另一个不同之处，或者说是最小收费策略的优点。

性质 2-4：假设 (G,r,l) 上的路阻函数是线性函数 $l_e(x)=a_e x+b_e$，$a_e,b_e\geqslant 0$，形成系统最优流 f^{opt} 时，用户在某条路径上花费的旅行费用较大，当且仅当该路径上零流费用较大。

证明：必要性证明。对于同一点对之间的任意两条路径 p_1、p_2，系统最优时，其上的流量记为 $f_{p_1}^{\text{opt}},f_{p_2}^{\text{opt}}>0$，根据 f^{opt} 是最优流可得，在这两条路径上有

$$\sum_{e\in p_1}2a_e f_e^{\text{opt}}+b_e=\sum_{e\in p_2}2a_e f_e^{\text{opt}}+b_e \tag{2-16}$$

即

$$\sum_{e\in p_1}a_e f_e^{\text{opt}}+b_e/2=\sum_{e\in p_2}2a_e f_e^{\text{opt}}+b_e/2 \tag{2-17}$$

如果零流费用满足关系 $\sum\limits_{e\in p_1}b_e\leqslant\sum\limits_{e\in p_2}b_e$，从而有

$$\sum_{e\in p_1}a_e f_e^{\text{opt}}+b_e/2+b_e/2\leqslant\sum_{e\in p_2}2a_e f_e^{\text{opt}}+b_e/2+b_e/2 \tag{2-18}$$

$$l_{p_1}\left(f_{p_1}^{\text{opt}}\right)=\sum_{e\in p_1}a_e f_e^{\text{opt}}+b_e\leqslant\sum_{e\in p_2}a_e f_e^{\text{opt}}+b_e=l_{p_2}\left(f_{p_2}^{\text{opt}}\right) \tag{2-19}$$

即

$$l_{p_1}\left(f_{p_1}^{\text{opt}}\right)\leqslant l_{p_2}\left(f_{p_2}^{\text{opt}}\right) \tag{2-20}$$

充分性证明。如果

$$\sum_{e\in p_1}a_e f_e^{\text{opt}}+b_e\leqslant\sum_{e\in p_2}a_e f_e^{\text{opt}}+b_e \tag{2-21}$$

则有

$$\sum_{e\in p_1}2a_e f_e^{\text{opt}}+b_e+b_e\leqslant\sum_{e\in p_2}2a_e f_e^{\text{opt}}+b_e+b_e \tag{2-22}$$

又因为

$$\sum_{e \in p_1} 2a_e f_e^{\text{opt}} + b_e = \sum_{e \in p_2} 2a_e f_e^{\text{opt}} + b_e \tag{2-23}$$

所以有

$$\sum_{e \in p_1} b_e \leqslant \sum_{e \in p_2} b_e \tag{2-24}$$

性质得证。

性质 2-4 说明，如果路阻函数是线性函数，当形成系统最优状态时，用户实际花费的旅行费用与该路径上的零流费用相关，零流费用越大，旅行费用越大，零流费用越小，旅行费用越小。可以看出，当路阻函数是线性函数时，在最小收费策略下，所收取的拥堵道路使用费由零流费用决定，或由路径的长度决定。例如，在方格网络上，同一点对之间不同路径上的零流费用相等，则旅行费用也相等。因此，该网络上最小收费策略对每个用户都不收费，且交通状况是系统最优。

引理 2-3： 假设 (G,r,l) 中某条路径上的流量非零且该路径上的路阻函数是常函数，则在交通网络上系统最优流 f^{opt} 和用户均衡流 f 不相等，即 $f^{\text{opt}} \neq f$ 。

证明：不妨设 (G,r,l) 中同一点对之间只有一条路径上的路阻函数是常函数，否则，根据用户选择路径的特性，路阻函数是常函数且在较大路径上永远不可能有流量。

设路径 p 上的路阻函数是常函数，令 $l_p(x)=\delta$ 。假设用户均衡和系统最优状态在路径 p 上都有流量，则任意选一条有流路径 p' ，当形成用户均衡时有

$$l_p\left(f_p\right)=\delta=l_{p'}\left(f_{p'}\right) \tag{2-25}$$

当形成系统最优流时有

$$\delta=l_{p'}\left(f_{p'}^{\text{opt}}\right)+f_{p'}^{\text{opt}}l'_{p'}\left(f_{p'}^{\text{opt}}\right) \tag{2-26}$$

显然，在路径 p' 上 $f_{p'}^{\text{opt}} \neq f_{p'}$，即用户均衡流不等于系统最优流。

引理得证。

引理 2-3 说明当路阻函数是常函数且该路径上有流时，不收取拥堵道路使用费，交通状况就不可能达到系统最优。即使对于最小收费策略，也要收取一定的拥堵道路使用费，才能使交通状况达到系统最优。

引理 2-4： 假设 (G,r,l) 的某个点对之间路径 p 上的路阻函数是常函数，当形成系统最优流时，该路径上的流量不为零，则在该点对之间所有的路径上，最小收费策略和边际收费策略所收费用完全相同。

证明：假设路径 p 上的路阻函数为 $l_p(x)=\delta$，形成系统最优流时，有 $f_p^{\text{opt}}>0$，边际费用是 $L^*=l_p\left(f_p^{\text{opt}}\right)$，且对于系统最优流，该路径上的旅行费用最大。在边际收费策略下，任意路径 p' 上所收取的拥堵道路使用费为

$$\begin{aligned}\tau_{\text{mp}'}&=L^*-l_{p'}\left(f^{\text{opt}}\right)=l_p\left(f^{\text{opt}}\right)-l_{p'}\left(f^{\text{opt}}\right)\\&=l_p\left(f^{\text{opt}}\right)-l_{p'}\left(f^{\text{opt}}\right)\\&=\delta-l_{p'}\left(f^{\text{opt}}\right)=\tau_{p'}\end{aligned}\tag{2-27}$$

引理得证。

引理 2-4 的逆命题也成立。例如，在任意一条路径 p' 上，最小收费策略和边际收费策略所收取的费用相同，即 $\tau_{\text{mp}'}=\tau_{p'}$，又因为 $\tau_{\text{mp}'}=L^*-l_{p'}\left(f^{\text{opt}}\right)$，$\tau_{p'}=l_{\max}\left(f^{\text{opt}}\right)-l_{p'}\left(f^{\text{opt}}\right)$，所以 $L^*=l_{\max}\left(f^{\text{opt}}\right)$。$p_{\max}$ 是系统最优流时旅行费用最大的路径，显然在路径 $p_{\max}$ 上的路阻函数是常函数。

2.2.3　最小收费策略的分配效率

基于最小收费策略性质，进一步探讨用户基于旅行费用和最小收费策略所收费用选择出行路径，以达到用户均衡时的交通流量分配效率。先介绍如下性质和引理。

性质 2-5： 假设 (G,r,l) 上的路阻函数是线性函数 $l_e(x)=a_ex+b_e$，$a_e,b_e\geqslant 0$，当形成系统最优流时，$\sum_{e\in p_1}a_ef_e^{\text{opt}}-a_e\sum_{e\in p_2}f_e^{\text{opt}}=\frac{1}{2}\left(\sum_{e\in p_2}b_e-\sum_{e\in p_1}b_e\right)$ 成立。

证明：由于当形成系统最优流时，同一点对之间的不同路径 p_1、p_2 上有

$$\sum_{e\in p_1}2a_ef_e^{\text{opt}}+b_e=\sum_{e\in p_2}2a_ef_e^{\text{opt}}+b_e\tag{2-28}$$

性质得证。

性质 2-5 说明当路阻函数是线性函数，交通状况达到系统最优状态时，不同路径上旅行费用的增加量由路径上的零流费用决定。

推论 2-1： 假设 (G,r,l) 上的路阻函数是线性函数 $l_e(x)=a_ex+b_e$，$a_e,b_e\geqslant 0$，在最小收费策略下，路径 p 上的用户被收取的拥堵道路使用费是 $\frac{1}{2}\left(\sum_{e\in p_{\max}}b_e-\sum_{e\in p}b_e\right)$。

证明：假设交通流量为 r 且交通状态是系统最优，根据性质 2-5 和最小收费策略可知，选择路径 p 的用户，被收取的拥堵道路使用费是 $\frac{1}{2}\left(\sum_{e\in p_{\max}}b_e-\sum_{e\in p}b_e\right)$，

其中 $p_{\max}$ 是系统最优流时旅行费用最大的路径。当交通流量 $r \geqslant r_0$ 时，所有路径上都有流量，则零流费用最大的路径和路径上的零流费用 $\sum_{e\in p_{\max}} b_e$ 已确定，因此，被收取的拥堵道路使用费为

$$\tau_p = \sum_{e\in p_{\max}} a_e f_e^{\text{opt}} + b_e - \sum_{e\in p} a_e f_e^{\text{opt}} - b_e = \frac{1}{2}\left(\sum_{e\in p_{\max}} b_e - \sum_{e\in p} b_e\right) \tag{2-29}$$

推论得证。

性质 2-6： 假设 (G,r,l) 上的路阻函数是线性函数 $l_e(x) = a_e x + b_e$，$a_e, b_e \geqslant 0$，交通流量 r_0 刚好使得交通网络上所有路径都有流量，当 $r > r_0$ 时，各条路径上所收拥堵道路使用费是常数，与交通流量无关，为 $\sum_{e\in p} \tau_e = \frac{1}{2}\left(\sum_{e\in p_{\max}} b_e - \sum_{e\in p} b_e\right)$。

证明：由最小收费策略可知，在路径 p 上所收取的拥堵道路使用费为

$$\begin{aligned}
&\sum_{e\in p_{\max}} a_e f_e^{\text{opt}} + b_e - \sum_{e\in p} a_e f_e^{\text{opt}} - b_e \\
&= \left(\sum_{e\in p_{\max}} a_e f_e^{\text{opt}} - \sum_{e\in p} a_e f_e^{\text{opt}}\right) + \left(\sum_{e\in p_{\max}} b_e - \sum_{e\in p} b_e\right) \\
&= \frac{1}{2}\left(\sum_{e\in p_{\max}} b_e - \sum_{e\in p} b_e\right) + \left(\sum_{e\in p_{\max}} b_e - \sum_{e\in p} b_e\right) \\
&= \frac{1}{2}\left(\sum_{e\in p_{\max}} b_e - \sum_{e\in p} b_e\right)
\end{aligned} \tag{2-30}$$

性质得证。

性质 2-6 说明了在路阻函数为线性函数的交通网络中，零流费用越大，拥堵道路使用费越小，否则越大。在零流费用最大的路径上，用户不被收取拥堵道路使用费。从此意义上，该结果也体现了用户对时间和费用之间价值的理解。时间价值强的用户多交费，选择旅行费用较少的路径；时间价值弱的用户少交费，甚至不交费，行驶在旅行费用较大的路径上，这一点也与实际情形相符。由最小收费策略性质可知，最小收费策略同边际费用策略相比，能够降低收费额度，更容易被用户接受。

下面讨论用户基于旅行费用和最小收费策略所收费用选择出行路径，形成用户均衡流时的交通流量分配效率。先介绍参数 β 的定义[4,5]。

定义 2-4： 对于非负、非递减连续路阻函数 $l(x) \in L$ 和参数 $\mu \geqslant 0$，其中 L 是非负、非递减连续路阻函数的集合。令

$$\beta(\mu, l) = \frac{1}{\mu l(\mu)} \max_{x \geqslant 0} \left\{x\left[l(\mu) - l(x)\right]\right\} \tag{2-31}$$

$$\beta(l)=\sup_{\mu\geqslant 0}\beta(\mu,l),\ \beta(L)=\sup_{l\in L}\beta(l) \tag{2-32}$$

$$0\leqslant\beta(L)\leqslant 1$$

下面分析路阻函数是线性函数时，最小收费策略下交通流量的分配效率。

定理 2-5: 假设 f^* 是 (G,r,l) 中用户基于旅行费用和最小收费策略收取费用选择路径形成的用户均衡流，f^{opt} 是 (G,r,l) 的系统最优流，路阻函数是线性函数 $l_e(x)=a_e x+b_e$，$a_e,b_e\geqslant 0$，于是有 $\dfrac{C(f^*)}{C(f^{\text{opt}})}\leqslant\dfrac{5}{4}$。

证明：根据性质 2-6 可知，采用最小收费策略收费时，在任意的路径 p 上，用户所花费的出行费用为

$$T_P(f^*)=\sum_{e\in p}l_e(f_e^*)+\frac{1}{2}\left(\sum_{e\in p_{\max}}b_e-\sum_{e\in p}b_e\right) \tag{2-33}$$

达到用户均衡时，所有用户花费的费用总和为 $C(f^*)=\langle T_P(f^*),f^*\rangle$，且有 $f^*=f^{\text{opt}}$。于是对于任意的可行流 f，有

$$\begin{aligned}C(f^*)&=\langle T_P(f^*),f\rangle\\&=\sum_i\sum_{p\in P_i}f_p\left[l_p(f_p)+\frac{1}{2}\left(\sum_{e\in p_{\max}}b_e-\sum_{e\in p}b_e\right)\right]\\&=\sum_{e\in E}f_e l_e(f_e^*)+\frac{1}{2}\sum_i\sum_{p\in P_i}f_p\left(\sum_{e\in p_{\max}}b_e-\sum_{e\in p}b_e\right)\\&=\sum_{e\in E}f_e l_e(f_e^{\text{opt}})+\frac{1}{2}\sum_i\sum_{p\in P_i}f_p\left(\sum_{e\in p_{\max}}b_e-\sum_{e\in p}b_e\right)\end{aligned} \tag{2-34}$$

根据 β 的定义得

$$\beta(f_e^{\text{opt}},l_e)=\frac{1}{f_e^{\text{opt}}l_e(f_e^{\text{opt}})}\max_{x\geqslant 0}\left\{x\left[l_e(f_e^{\text{opt}})-l_e(x_e)\right]\right\} \tag{2-35}$$

令 $x=f$，得

$$\beta(f_e^{\text{opt}},l_e)f_e^{\text{opt}}l_e(f_e^{\text{opt}})\geqslant f_e l_e(f_e^{\text{opt}})-f_e l_e(f_e) \tag{2-36}$$

由于 f^{opt} 是系统最优流，则有

$$\sum_{e\in E}f_e^{\text{opt}}l_e(f_e^{\text{opt}})\leqslant\sum_{e\in E}f_e l_e(f_e) \tag{2-37}$$

因此，式（2-37）说明

$$\left[1+\beta(L)\right]\cdot\sum_{e\in E}f_e l_e\left(f_e\right)\geqslant\sum_{e\in E}f_e l_e\left(f_e^{\text{opt}}\right)\tag{2-38}$$

从而总费用为

$$\begin{aligned}\left\langle T_P\left(f^*\right),f\right\rangle&=\sum_i\sum_{p\in P_i}f_p\left[l_p\left(f_p\right)+\frac{1}{2}\left(\sum_{e\in p_{\max}}b_e-\sum_{e\in p}b_e\right)\right]\\&=\sum_{e\in E}f_e l_e\left(f_e^*\right)+\frac{1}{2}\sum_i\sum_{p\in P_i}f_p\left(\sum_{e\in p_{\max}}b_e-\sum_{e\in p}b_e\right)\\&=\sum_{e\in E}f_e l_e\left(f_e^{\text{opt}}\right)+\frac{1}{2}\sum_i\sum_{p\in P_i}f_p\left(\sum_{e\in p_{\max}}b_e-\sum_{e\in p}b_e\right)\end{aligned}\tag{2-39}$$

根据变分不等式$\left\langle T_P\left(f^*\right),f-f^*\right\rangle\geqslant 0$，得

$$\left\langle T_P\left(f^*\right),f\right\rangle\geqslant\left\langle T_P\left(f^*\right),f^*\right\rangle\tag{2-40}$$

因此，有

$$\left[1+\beta(L)\right]C(f)\geqslant\left\langle T_P\left(f^*\right),f^*\right\rangle\tag{2-41}$$

对于任意可行流f，式（2-41）都成立，令$f=f^{\text{opt}}$可得

$$\left[1+\beta(L)\right]C\left(f^{\text{opt}}\right)\geqslant\left\langle T_P\left(f^*\right),f^*\right\rangle\tag{2-42}$$

对于线性函数$l(x)\in L$，由文献[4]可知，$\beta(L)\leqslant\dfrac{1}{4}$，从而结论成立。

定理得证。

定理 2-5 给出结论，最小收费策略下，所有用户实际花费的总费用与系统最优时总旅行费用的比值是$\dfrac{5}{4}$；边际收费策略下，这两个费用的比值是 2。结论表明，最小收费策略下用户所花费用更接近系统最优费用，从而改善了交通流量分配效率。

定理 2-5 证明了线性路阻函数时，采用最小收费策略确实可以改善用户均衡时的交通流量分配效率，优化系统的性能。下面研究当路阻函数是系数非负、非递减、可微函数时，最小收费策略下达到用户均衡时的交通流量分配效率。

先介绍关于系统最优流不公平性的相关结论[5]。

引理 2-5： 假设(G,r,l)的路阻函数$l(x)\in L$且$xl(x)$是凸函数，则

$\mu\left(f^{\text{opt}}\right) \leqslant \gamma(L)$ 。其中 $\mu\left(f^{\text{opt}}\right)=\max\{l_{p_i}/l_{p_j} \mid p_i,p_j \in P_i, f_{p_i}^{\text{opt}}, f_{p_j}^{\text{opt}}>0\}$ ，f^{opt} 是 (G,r,l) 的系统最优流，$\gamma(l)=\sup\limits_{x>0}\left[xl(x)\right]'/l(x), \gamma(L)=\sup\limits_{l\in L}\gamma(l)$ 。

定理 2-6： 假设 f^{opt} 是 (G,r,l) 的系统最优流，路阻函数 $l(x)\in L$ 且 $xl(x)$ 是凸函数，采用最小收费策略收取拥堵道路使用费，达到用户均衡时交通流量分配效率为 $\gamma(L)$ 。

证明：记 $l_{\max}^{i}\left(f^{\text{opt}}\right)=\max\limits_{p\in P_i}\left\{l_p\left(f^{\text{opt}}\right)\right\}$ ，则在任意一条路径上，每个用户所花费的出行费用都是 $l_{\max}^{i}\left(f^{\text{opt}}\right)$ ，则所有路径上的总费用为

$$
\begin{aligned}
\sum_i\sum_{p\in P_i} l_{\max}^{i}\left(f^{\text{opt}}\right)f_p^{\text{opt}} &= \sum_i\sum_{p\in P_i} l_p\left(f^{\text{opt}}\right)f_p^{\text{opt}} + \sum_i\sum_p\left[l_{\max}^{i}\left(f^{\text{opt}}\right)-l_p\left(f^{\text{opt}}\right)\right]f_p^{\text{opt}} \\
&\leqslant \sum_i\sum_{p\in P_i} l_p\left(f^{\text{opt}}\right)f_p^{\text{opt}} + \left[\gamma(L)-1\right]\sum_i\sum_{p\in P_i} l_p\left(f^{\text{opt}}\right)f_p^{\text{opt}} \\
&= \gamma(L)\sum_i\sum_{p\in P_i} l_p\left(f^{\text{opt}}\right)f_p^{\text{opt}}
\end{aligned}
\tag{2-43}
$$

定理得证。

定理 2-6 给出了路阻函数系数非负、非递减且连续时，带有参数形式的交通流量分配效率，或者说给出了计算交通流量分配效率的一般方法。

下面说明当路阻函数是系数非负的多项式函数时，定理 2-6 中的上界是紧界。图 2-4 是上界为紧界的例子。

如图 2-4 所示，由 $\gamma(L)$ 的定义可知，$\gamma(L)=\max\limits_{p}\left\{\dfrac{x^d+px^d}{x^d},\dfrac{1}{1}\right\}=d+1$ 。当采用最小收费策略收费时，在图 2-4 所示的网络中，用户均衡时交通流量分配效率是 $d+1$ 。

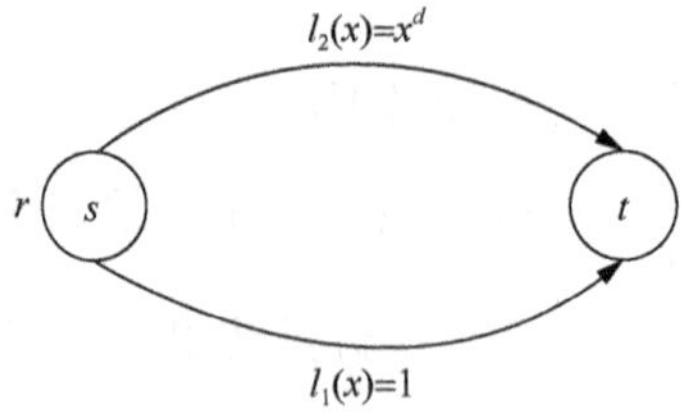

图 2-4　交通分配效率为 $d+1$ 的网络

定理 2-7： 当系统最优流和用户均衡流相等时，边际收费策略不可能使交通流量分配效率达到 1，而最小收费策略下的交通流量分配效率是 1。

证明：当系统最优流和用户均衡流相等时，一定存在非零流的路径，在这些路径上，边际收费策略会向用户收取一定的拥堵道路使用费，导致交通流量分配

效率不可能达到 1。在最小收费策略下，由于零流费用和拥堵道路使用费相等，因此，每条路径上用户花费的旅行费用相等，从而不用向任何一个用户收取拥堵道路使用费，且交通状况都是最优的，交通流量分配效率是 1。

定理得证。

定理 2-8： 假设 (G,r,l) 的路阻函数都不是常函数，最小收费策略所收费用严格小于边际收费策略所收费用。

证明：假设系统最优流是 f^{opt}，旅行费用最大的路径为 p，则该路径上的费用为 $l_p\left(f^{\text{opt}}\right)$，对于任意一条路径 p'，最小收费策略下，该路径上所收取的费用为 $l_p\left(f^{\text{opt}}\right)-l_{p'}\left(f^{\text{opt}}\right)$，边际收费策略下所收取的费用为 $f_{p'}^{\text{opt}}l_{p'}\left(f^{\text{opt}}\right)$，从而有

$$\begin{aligned}
& f_{p'}^{\text{opt}}l_{p'}\left(f^{\text{opt}}\right)-l_p\left(f^{\text{opt}}\right)+l_{p'}\left(f^{\text{opt}}\right) \\
&= l_p\left(f^{\text{opt}}\right)+f_p^{\text{opt}}l_p\left(f^{\text{opt}}\right)-l_p\left(f^{\text{opt}}\right) \\
&= f_p^{\text{opt}}l_p\left(f^{\text{opt}}\right)>0
\end{aligned} \tag{2-44}$$

因为路阻函数不是常函数，所以最后一个不等式的导数不会为 0。

定理得证。

本章主要研究了交通流量已知且用户基于两种不同费用情形下的交通流量分配效率。首先讨论了用户择路时基于零流费用和拥堵费用情形下的交通流量分配模型。人们会根据一定的依据选择出行路径，不同的择路依据可得到不同的交通状况和费用。从实际情况出发，提出了用户基于费用 $f_pl_p'\left(f_p\right)+l_p(0)$ 选择出行路径，当路段上的路阻函数是系数非负、非递减凸函数时，证明了该分配方式产生的用户均衡流是存在且唯一的，并给出了相应用户均衡流总费用与系统最优流总费用比值的上界；当路阻函数是系数非负的多项式函数时，该用户均衡流的总费用与系统最优流总费用比值的上界是 4/3，同用户只基于旅行费用择路出行相比，用户所花费用更加接近最优费用。同时，研究了通过收取拥堵道路使用费控制交通的情形，用户基于所选路径上的旅行费用和被收取的拥堵费用选择路径，设计了最小收费策略，分析了最小收费策略的性质，并将最小收费策略和边际收费策略进行了比较。当使用最小收费策略进行收费时，得到了以下结论：①最小收费策略能使交通状况达到系统最优；②最小收费策略的收费额度是达到系统最优的最小收费额度；③最小收费策略下，所收费用不大于边际收费情形下所收费用。当路阻函数不是常函数时，严格小于边际收费策略下所收费用。本章只研究了用户基于两种费用时交通流量分配效率，在实际生活中用户选择路径时考虑的因素很多，仍有很多问题值得研究。

参 考 文 献

[1] WU X, LIU L, XIE F, et al. A new conjugate gradient algorithm with sufficient descent property for unconstrained optimization[J]. Mathematical Problems in Engineering, 2015, 9: 1-8.

[2] 武小平. 具有线性路阻函数的路径流量分配效率[J]. 河南科技大学学报(自然科学版), 2013, 34(4): 101-104.

[3] 武小平, 徐寅峰, 郑斐峰. 拥挤收费策略设计及其效率损失分析[J]. 运筹与管理, 2010, 19(6): 123-128.

[4] CORREA J, SCHULZ A, STIER-MOSES N. Selfish routing in capacitated networks[J]. Mathematics of Operations Research, 2004, 29(4): 961-976.

[5] CORREA J, SCHULZ A, STIER-MOSES N. Fast, fair, and efficient flows in networks[J]. Operations Research, 2007, 55(2): 215-225.

第 3 章　时点交通流量已知且基于旅行费用时方格网络上的分配效率

城市交通网络结构主要有方格网络、环形放射网络、自由网络和混合网络等，其中方格网络是城市交通网络的典型结构之一。方格网络是沿南北和东西方向按一定间距平行、均等地排列城市干路和支路，将城市用地划分成大小合适的矩形区域。其优点是城市各个部分可达性均等、程序性和方向感较好，有利于城市用地的划分和建筑物的布局，将交通流量平均分布。我国许多城市道路的主体结构就是方格网络，如北京、西安、洛阳的主体交通网络具有典型的方格网络特征。

方格网络具有很重要的特点，即同一点对之间不同路径的长度相等。当路段上没有车辆时，用户通过该路段的费用只与该路段的长度有关，与其他因素无关。因此，可以认为在方格网络上同一点对之间不同路径上没有车辆时，用户通过任何一条路径的时间相等，即零流费用相等。在道路比较平坦的城市中，由于道路条件（车道宽度、路面性质和状况、实际能保证的视距长度、纵坡的大小和坡长等）基本一样，不同路段上这些因素对车辆行驶速度的影响差别都不大。城市道路长度成为影响车辆自由旅行费用的主要因素，较长路段上的旅行费用更大一些，否则旅行费用小一些。

解决交通拥堵问题最常用的方法包括：①通过交通控制诱导用户选择路径改善交通状况，如收取拥堵道路使用费；②通过设计合理的交通网络改善交通状况。我国的交通网络结构还不完善，仍需要增加支路解决拥堵问题。目前，干路上一旦发生交通事故，经常会出现严重的交通堵塞，很大程度上是“宽而稀”的大街区交通网络上缺乏可替代的绕行道路造成的。因而提出应加强支路建设，降低干道间距，增加可替代路径的建议。增加道路时，整个交通网络要保持怎样的结构，才能有效改善交通流量分配效率，是有待研究的重要问题。

第 2 章研究了用户基于两种不同费用在一般交通网络上选择路径分配交通流量的情形，本章研究用户基于旅行费用在方格网络上选择路径分配交通流量的情形。用户出行时只追求自己的旅行费用最小，在一般交通网络上会导致较差的交通状态，这方面的研究已有很多。在方格网络上，研究用户追求旅行费用最小选择路径时的交通流量分配效率。因此，结合交通网络的结构特点和用户自身的特性，研究方格网络上用户均衡时的交通流量分配效率更具有实际意义。本章在已有研究和分析的基础上，重点研究路阻函数是系数非负的线性函数和二次函数时的情形[1,2]。

3.1 部分用户可控的情形

本节研究对部分用户进行控制，而另外一部分用户没有受到控制形成用户均衡时的交通流量分配效率。这种情形下，最经典的研究是在一般交通网络中，利用 SCALE 策略和最大费用路径优先策略分配交通流量。研究结果表明，在一般交通网络中，用户均衡时交通流量分配效率的改善程度与被控制用户占总用户数量的比例成正比，即被控制用户的比例越大，交通流量分配效率越高[3]。文献[4]给出了一般交通网络中 SCALE 策略下的交通流量分配效率，在方格网络中，SCALE 策略下的交通流量分配效率是本节的主要研究内容。

实际交通控制中，用户出行时部分用户受到控制的例子很多。例如，区域限行：限制大型车辆在二环内行驶；车辆分时段限行：限制某种车辆在某段时间行驶在某条路上或进入某一地区；单双号限行：某些道路上单数日允许单数牌号车辆通行，双数日允许双数牌号车辆通行。以上控制方式是在某时、某地或以某种方式对部分车辆进行控制，以改善交通状况。本节主要研究在方格网络上对部分用户进行控制时，控制策略的设计和相应的交通流量分配效率。

3.1.1 部分用户可控问题描述和基本假设

有向方格交通网络可表示为$G=(V,E)$，其中V为节点集，E为路段集。P_i表示点对s_i、t_i之间所有路径的集合，$i=1,2,\cdots,k$，$P=\bigcup_i P_i$；函数$l_e=l_e(f_e)$是系数非负、非递减的凸函数，表示路段$e\in E$上流量为f_e时的旅行费用；路径p上的零流费用记为$l_p(0)$。在方格网络上，同一点对不同路径上的零流费用$l_p(0)$相等。如果对于任意流x，$\sum_{p\in P}x_p=r$成立，则称流量x是可行流，其中非负实数r是起点处的交通流量，(G,r,l)可称作一个交通系统。s表示受控制部分用户分配到网络上形成的流量，t表示无控制部分用户分配到网络上形成的流量，f^{opt}表示相应情形下的系统最优流。对部分用户进行控制，而另外一部分没有受到控制，交通状况达到用户均衡时系统总费用为$C_{\text{eq}}=\sum_p(s_p+t_p)l_p(s_p+t_p)$，而交通状况达到系统最优时总费用为$C_{\text{opt}}=\sum_p f_p^{\text{opt}}l_p\left(f_p^{\text{opt}}\right)$。下面主要研究方格网络中费用$C_{\text{eq}}$和$C_{\text{opt}}$之间的关系。

为了便于展开研究，给出以下基本假设。

假设 3-1： 车辆在某条路径上的零流费用只与路径本身长度有关，与道路上其他因素无关，而且路径越长，零流费用越大，否则越小。

假设 3-2： 交通网络是有向方格网络（图 3-1）。方格网络是交通网络的一个典型代表，研究方格网络上用户均衡时的交通流量分配效率具有一定的实际意义。

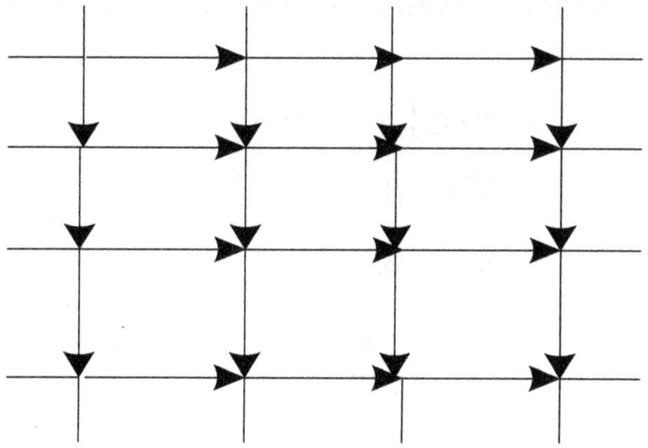

图 3-1　有向方格交通网络示意图

假设 3-3： 被控制用户数量与用户总数量的比值是 θ，即在任意一个点对 s_i、t_i 之间能够控制的交通流量是 θr_i，其中 r_i 是第 i 个起讫点对之间的交通流量。

假设 3-4： 被控制的用户必须按照策略要求选择路径，且一旦选择就不能改变。

假设 3-5： 路阻函数是系数非负的线性函数和二次函数。

3.1.2　SCALE 策略及分配效率

在方格网络上（同一点对之间不同路径上的零流费用相等）有 r 单位的交通流量从起点处到目的地，其中 θr 单位的用户会受到控制，按照策略要求的路径出行，而另外 $(1-\theta)r$ 单位的用户没有受到控制，按照旅行费用最小来选择出行路径。SCALE 策略是由 Roughgarden 提出的，本小节主要研究该策略在方格网络中的交通流量分配效率，主要思想如下[4]。

策略描述：计算 (G,r,l) 的系统最优流 f^{opt}，在每条边 $e \in E$ 上，令 $s_e = \theta f_e^{\text{opt}}$，即可控流量 s；当边 $e \in E$ 上的流量为 s_e 时，剩余 $(1-\theta)r$ 单位的用户自由竞争选择自己的出行路径，当形成用户均衡流时，每条边 e 上的流量是 t_e，即不可控的流量为 t，网络上的流量是 $(s+t)$，则 $(s+t)$ 为在 SCALE 策略下所对应的用户均衡流。

为了研究方便，先给出几个相关定义。

定义 3-1： 假设 s 是 SCALE 策略下可控的用户在网络上形成的流量，t 是不可控的用户形成的流量，对于任意的有流路径 $p_i \in P_i$，如果可行流 $(s+t)$ 满足 $l_{p_i}(s+t) \leqslant l_{p_j}(s+t)$，则称 $(s+t)$ 是 SCALE 策略下在网络上形成的用户均衡流。

求解如下规划问题（3-1）就可以得到 SCALE 策略下的用户均衡流。

给定可控用户在网络上形成的流量 s，通过求解规划问题（3-1）可以得到流量 t。

$$\min \sum_{e\in E} \int_0^{t_e} l_e(s+x)\mathrm{d}x \tag{3-1a}$$

$$\text{s.t.} \quad \sum_{p\in p_i} t_p = (1-\theta) r_i \tag{3-1b}$$

$$\sum_{p\in p_i} s_p = \theta r_i \tag{3-1c}$$

$$t_e + s_e = \sum_{p\in P_i, e\in p} (t_p + s_p) \quad \forall e \in E \tag{3-1d}$$

$$t_p, s_p \geqslant 0 \qquad \forall p \in P_i \tag{3-1e}$$

可以看出规划问题（3-1）的约束条件都是关于流量的线性函数，如果路阻函数是系数非负、非递减的凸函数，该规划就是一个凸规划，存在唯一解。

规划问题（3-1）与下面的变分不等式是等价的。如果 x 是交通流量为 $(1-\theta)r$ 时任意的可行流，s 是在 SCALE 策略下可控部分用户在交通网络上形成的流量，则 t 是交通流量为 $(1-\theta)r$ 时的用户均衡流，当且仅当式（3-2）成立：

$$\sum_e l_e(s_e+t_e)(t_e - x_e) \leqslant 0 \tag{3-2}$$

规划问题（3-1）的解和式（3-2）的解相同。可以看出对规划问题（3-1）的目标函数求导，就可以得到变分不等式（3-2）。该变分不等式是进行交通流量分配效率分析的基础。

1. 线性路阻函数时交通流量分配效率

路段上的旅行费用随流量的增加而增加，因此，通常假设路段上的路阻函数是关于流量非负、非递减的函数。线性路阻函数是最基本、最简单、最容易处理的一类函数，实际生活中，经常会将抽象的函数近似成线性函数处理。

假设边 e 上的路阻函数为 $l_e(x) = a_e x + b_e, a_e \geqslant 0, b_e \geqslant 0$。将边上的路阻函数看成是路阻函数向量 $L: R_+^m \to R_+^m$，$m = |E|$，则 $L(x) = Gx + b$，G 是元素为 a_e 的对角矩阵，$b^{\mathrm{T}} = [b_e]_{e\in E}$，则用户均衡流和系统最优流的费用分别为 $C_{\mathrm{eq}} = [L(s+t)]^{\mathrm{T}}(s+t)$，$C_{\mathrm{opt}} = [L(f^{\mathrm{opt}})]^{\mathrm{T}} f^{\mathrm{opt}}$。

下面借助矩阵和向量探讨SCALE策略下用户均衡时的交通流量分配效率。先给出引理 3-1，该引理是本节研究的基础。

引理 3-1： 令 f_1 是变分不等式 $\left[L(f_1)\right]^{\mathrm{T}}(f_2-f_1)\geqslant 0$ 对应的解向量。参数 $a_1,a_2\geqslant 0$ 使 $\begin{bmatrix} a_1G^{\mathrm{T}} & -G^{\mathrm{T}}/2 \\ G^{\mathrm{T}}/2 & a_2G^{\mathrm{T}} \end{bmatrix}$ 为半正定矩阵，则有

$$f_1^{\mathrm{T}}G^{\mathrm{T}}f_2\leqslant a_1f_1^{\mathrm{T}}Gf_1+a_2f_2^{\mathrm{T}}Gf_2 \tag{3-3}$$

其中，矩阵 G 是元素非负的对角矩阵；f_1、f_2 是非负的 m 维向量。

证明：由于 $\begin{bmatrix} a_1G^{\mathrm{T}} & -G^{\mathrm{T}}/2 \\ G^{\mathrm{T}}/2 & a_2G^{\mathrm{T}} \end{bmatrix}$ 是半正定矩阵，因此，对于任意的 $2m$ 维向量 Z，有

$$Z^{\mathrm{T}}\begin{bmatrix} a_1G^{\mathrm{T}} & -G^{\mathrm{T}}/2 \\ G^{\mathrm{T}}/2 & a_2G^{\mathrm{T}} \end{bmatrix}Z\geqslant 0 \tag{3-4}$$

令 $Z=(f_1,f_2)$，则有

$$Z^{\mathrm{T}}\begin{bmatrix} a_1G^{\mathrm{T}} & -G^{\mathrm{T}}/2 \\ G^{\mathrm{T}}/2 & a_2G^{\mathrm{T}} \end{bmatrix}Z\geqslant 0\Rightarrow f_1^{\mathrm{T}}G^{\mathrm{T}}f_2\leqslant a_1f_1^{\mathrm{T}}Gf_1+a_2f_2^{\mathrm{T}}Gf_2 \tag{3-5}$$

引理得证。

当路阻函数是系数非负的线性函数时，G 是对称半正定矩阵，因为矩阵 G 的元素 $a_e\geqslant 0$，所以引理 3-1 可以变形为更一般的形式，具体如下。

引理 3-2： 假设 (G,r,l) 的路阻函数是线性函数 $l_e(f_e)=a_ef_e+b_e$，$e\in E$ 且有 $a_e,b_e\geqslant 0$，$(s+t)$ 是在 SCALE 策略下网络上产生的流量，于是对任意的 $a_1,a_2\geqslant 0$ 且 $a_1,a_2\geqslant 1/4$，有

$$C_{\mathrm{eq}}\leqslant a_1\sum_e a_e(s_e+t_e)^2+a_2\sum_e a_e\left(f_e^{\mathrm{opt}}\right)^2+\sum_e b_ef_e^{\mathrm{opt}} \tag{3-6}$$

证明：已知 X_1、X_2 是 m 维向量，矩阵 $\begin{bmatrix} a_1G^{\mathrm{T}} & -G^{\mathrm{T}}/2 \\ G^{\mathrm{T}}/2 & a_2G^{\mathrm{T}} \end{bmatrix}$ 的正半定性等价于

$$[X_1,X_2]\begin{bmatrix} a_1G^{\mathrm{T}} & -G^{\mathrm{T}}/2 \\ G^{\mathrm{T}}/2 & a_2G^{\mathrm{T}} \end{bmatrix}\begin{bmatrix} X_1 \\ X_2 \end{bmatrix}\geqslant 0\Leftrightarrow a_1X_1^{\mathrm{T}}GX_1+a_2X_2^{\mathrm{T}}GX_2-X_1^{\mathrm{T}}GX_2\geqslant 0 \tag{3-7}$$

如果 $a_1,a_2\geqslant 1/4$，则对任意两个数 x_1^e、x_2^e，有

$$a_e\cdot\left[a_1\left(x_1^e\right)^2+a_2\left(x_2^e\right)^2-x_1^ex_2^e\right]\geqslant a_e\cdot\left(\sqrt{a_1}x_1^e-\sqrt{a_2}x_2^e\right)^2\geqslant 0 \tag{3-8}$$

则意味着

$$C_{\mathrm{eq}}=\left[L(s+t)\right]^{\mathrm{T}}(s+t)\leqslant\left[L(s+t)\right]^{\mathrm{T}}f^{\mathrm{opt}}=(s+t)^{\mathrm{T}}G^{\mathrm{T}}f^{\mathrm{opt}}+b^{\mathrm{T}}f^{\mathrm{opt}} \tag{3-9}$$

下面证明对于 $f=s+t$，引理 3-2 的第二个假设也成立：

$$\left[L(s+t)\right]^{\mathrm{T}}\left[\left(f^{\mathrm{opt}}-t\right)-s\right]\geqslant 0\Leftrightarrow\left[L(s+t)\right]^{\mathrm{T}}\left[f^{\mathrm{opt}}-(s+t)\right]\geqslant 0 \tag{3-10}$$

根据引理 3-1 可知，引理得证。

定理 3-1：假设 (G,r,l) 的路阻函数是线性函数 $l_e\left(f_e\right)=a_e f_e+b_e$，且有 $a_e,b_e\geqslant 0$，θ 是 SCALE 策略下被控制用户所占的比例，$(s+t)$ 是 SCALE 策略下所对应的流量，则该策略下交通状况达到用户均衡时交通流量分配效率为 1。

证明：将引理 3-2 的结论按照路径写为

$$\begin{aligned}C_{\mathrm{eq}}&=a_1\sum_p\left(s_p+t_p\right)\sum_{e\in p}a_e\left(s_e+t_e\right)+a_e\sum_p f_p^{\mathrm{opt}}\sum_{e\in p}a_e f_e^{\mathrm{opt}}+\sum_p f_p^{\mathrm{opt}}\sum_{e\in p}b_e\\&=a_1C_{\mathrm{eq}}-a_1\sum_p\left(s_p+t_p\right)\sum_{e\in p}b_e+a_e\sum_p f_p^{\mathrm{opt}}\sum_{e\in p}a_e f_e^{\mathrm{opt}}+\sum_p f_p^{\mathrm{opt}}\sum_{e\in p}b_e\end{aligned} \tag{3-11}$$

令

$$\varDelta=-a_1\sum_p\left(s_p+t_p\right)\sum_{e\in p}b_e+\sum_p f_p^{\mathrm{opt}}\sum_{e\in p}b_e \tag{3-12}$$

则式（3-11）可以写成：

$$\left(1-a_1\right)C_{\mathrm{eq}}\leqslant a_2\sum_p f_p^{\mathrm{opt}}\sum_{e\in p}a_e f_e^{\mathrm{opt}}+\varDelta \tag{3-13}$$

由于假设 $a_1\geqslant 0$ 且对所有的边 e，有 $b_e\geqslant 0$。又因为零流费用 $l_p(0)$ 都相等，所以，

$$\varDelta=\left(1-a_1\right)\sum_p f_p^{\mathrm{opt}}\sum_{e\in p}b_e \tag{3-14}$$

由式（3-11）、式（3-12）和 $a_1\leqslant 1$，可得

$$\begin{aligned}\left(1-a_1\right)C_{\mathrm{eq}}&\leqslant a_2\sum_p f_p^{\mathrm{opt}}\sum_{e\in p}a_e f_e^{\mathrm{opt}}+\left(1-a_1\right)\sum_p f_p^{\mathrm{opt}}\sum_{e\in p}b_e\\&\leqslant\max\left\{a_2,1-a_1\right\}C_{\mathrm{opt}}\end{aligned}$$

即

$$\frac{C_{\mathrm{eq}}}{C_{\mathrm{opt}}}\leqslant\frac{\max\left\{a_2,1-a_1\right\}}{1-a_1} \tag{3-15}$$

因此，通过求解如下规划问题（3-16）就可得到 SCALE 策略下交通流量的分配效率：

$$\min\frac{\max\left\{a_2,1-a_1\right\}}{1-a_1} \tag{3-16a}$$

$$\text{s.t. } a_1,a_2\geqslant 1/4 \tag{3-16b}$$

$$a_1\leqslant 1 \tag{3-16c}$$

$$a_1,a_2\geqslant 0 \tag{3-16d}$$

当 $a_2 \leqslant 1-a_1$ 时，显然 $\frac{C_{\text{eq}}}{C_{\text{opt}}} \leqslant 1$；当 $a_2 \geqslant 1-a_1$ 时，令 $a_2 = \frac{1}{4a_1}$，求解规划问题（3-16）可得 $a_2 = a_1 = \frac{1}{2}$，因此，$\frac{C_{\text{eq}}}{C_{\text{opt}}} \leqslant 1$。由 $\frac{C_{\text{eq}}}{C_{\text{opt}}} \geqslant 1$ 得 $C_{\text{eq}} = C_{\text{opt}}$。

定理得证。

由定理 3-1 可知，在方格网络中，当路阻函数是系数非负的线性函数，采用 SCALE 策略控制流量时，用户均衡的交通流量分配效率与所控制用户的数量无关，且用户均衡的交通流量分配效率是 1，交通状态是系统最优。如果每个用户选择路径时都追求旅行费用最小，当路阻函数是线性函数时，在方格网络上，对用户进行控制和不控制是相同的，交通状况都是系统最优，这是方格网络的一个重要性质。

2. 可微函数时交通流量分配效率

下面研究方格网络中路阻函数是系数非负、非递减的可微函数时，利用 SCALE 策略控制用户，形成用户均衡时交通流量的分配效率。

为了方便研究，先给出如下定义和引理[5]。

定义 3-2：假设函数 $L: R^n - R^n$ 的雅可比矩阵 $\nabla L(x)$ 对于任意的 x 都是半正定矩阵，且对于任意的向量 $\omega \in R^n$ 和任意的 $x, \tilde{x} \in R^n$，存在常数 $A \geqslant 1$，则

$$\frac{1}{A}\omega^t \nabla L(x)\omega \leqslant \omega^t \nabla L(\tilde{x})\omega \leqslant A\omega^t \nabla L(x)\omega \tag{3-17}$$

则称函数 L 满足雅可比相似性性质，A 称为相似性系数。

引理 3-3：假设对 (G,r,l) 的所有边 e，$l_e(f_e)$ 是连续可微函数且关于 f_e 的导数非负，零流费用 $l_e(0) \geqslant 0$，存在某个常数 $A \geqslant 1$，使得矩阵 $\nabla L(x)$ 满足雅可比相似性性质，则

$$C_{\text{eq}} \leqslant a_1 A \sum_e (s_e + t_e)\left[l_e(s_e + t_e) - l_e(0)\right] + C_{\text{opt}} + (a_2 - 1) A \sum_e f_e^{\text{opt}}\left[l_e\left(f_e^{\text{opt}}\right) - l_e(0)\right] \tag{3-18}$$

其中，$a_1, a_2 \geqslant 0$ 且 $a_1 a_2 \geqslant 1/4$。

证明：记 $Z = -a_1 A \sum_e (s_e + t_e) l_e(0) + \sum_e f_e^{\text{opt}} l_e(0)$，引理 3-3 可变形为

$$(1 - a_1 A) C_{\text{eq}} \leqslant \left[(a_2 - 1)A + 1\right]\sum_e f_e^{\text{opt}}\left[l_e\left(f_e^{\text{opt}}\right) - l_e(0)\right] + Z \tag{3-19}$$

根据 SCALE 策略可知，$Z=(1-a_1A)rl_p(0)$，式（3-19）可变为

$$(1-a_1A)C_{\text{eq}} \leqslant \left[(a_2-1)A+1\right]C_{\text{opt}}-A(a_1+a_2-1)\sum_e f_e^{\text{opt}}l_e(0)$$

根据 $a_1a_2 \geqslant 1/4$，$a_1 \leqslant 1/A$ 和 $a_1,a_2 \geqslant 0$，分两种情形对式（3-19）进行讨论。

情形 1：$a_1+a_2-1 \geqslant 0$，式（3-19）变为 $(1-a_1A)C_{\text{eq}} \leqslant \left[(a_2-1)A+1\right]C_{\text{opt}}$。

选择合适的 a_1、a_2 并求解规划问题（3-20），便可得到用户均衡时的交通流量分配效率：

$$\min \frac{Aa_2+1-A}{1-Aa_1} \tag{3-20a}$$

$$\text{s.t. } a_1+a_2 \geqslant 1 \tag{3-20b}$$

$$a_1a_2 \geqslant 1/4 \tag{3-20c}$$

$$a_1 \leqslant 1/A \tag{3-20d}$$

$$a_1,a_2 \geqslant 0 \tag{3-20e}$$

如果令 $a_2=1/4a_1$，对目标函数求导令其等于零，得

$$4Aa_1^2-4a_1^2-2Aa_1+1=0 \tag{3-21}$$

解之得，当 $a_1=\frac{1}{2}$ 或 $a_1=\frac{1}{2A-2}$ 时，$a_2=\frac{1}{2}$ 或 $a_2=\frac{A-1}{2}$；将 $a_1=\frac{1}{2}$，$a_2=\frac{1}{2}$ 代入目标函数可得 $\frac{C_{\text{eq}}}{C_{\text{opt}}} \leqslant 1$；将 $a_1=\frac{1}{2A-2}$，$a_2=\frac{A-1}{2}$ 代入目标函数可得 $\frac{C_{\text{eq}}}{C_{\text{opt}}} \leqslant (A-1)^2$。

情形 2：如果 $a_1+a_2-1 \leqslant 0$，由于对所有的边 e，$l_e(0) \leqslant l_e\left(f_e^{\text{opt}}\right)$，该情形下，有

$$(1-Aa_1)C_{\text{eq}} \leqslant [1-Aa_1]C_{\text{opt}} \tag{3-22}$$

可以得到

$$\frac{C_{\text{eq}}}{C_{\text{opt}}} \leqslant 1，\text{即 } C_{\text{eq}}=C_{\text{opt}} \tag{3-23}$$

因此，在 SCALE 策略下，得到了方格网络上路阻函数是系数非负、非递减函数时的交通流量分配效率。

引理得证。

定理 3-2： 假设 $A \geqslant 1$ 是路阻函数 L 的雅可比矩阵相似性系数，θ 表示能够控制的用户占总用户的比例，于是在方格网络上，SCALE 策略下的交通流量分配效率是

$$\frac{C_{\text{eq}}}{C_{\text{opt}}} \leqslant \begin{cases} 1, & 1 \leqslant A \leqslant 2 \\ (A-1)^2, & A > 2 \end{cases} \tag{3-24}$$

本节主要研究了 SCALE 策略在方格网络中的应用。由上可知，在方格网络上对部分用户进行控制,用户均衡时的交通流量分配效率实际上与所控制用户的比例 θ 无关。由定理 3-2 可知，当相似系数 $1 \leqslant A \leqslant 2$ 时，可使交通状况在方格网络上达到系统最优，而当 $A > 2$ 时，交通流量分配效率是 A 的增函数。

定理得证。

3.2　所有用户均不可控制的情形

很多城市有典型的方格交通网络的特征,用户自由选择路径达到用户均衡时,交通流量分配效率是交通部门所关注的事情。在一般网络上，当所有用户没有受到控制时，用户均衡会导致比较差的交通状态。本节主要研究在特殊网络上，用户没有受到控制时的交通流量分配效率。研究方格网络上用户自由择路形成用户均衡时的交通流量分配效率，对于交通部门改善交通网络结构，或者为扩展交通网络提供理论指导，都具有现实意义。

3.2.1　所有用户不可控问题模型构建

从交通网络的起点到讫点之间有多条路径可供用户选择，在没有控制的情况下，用户总是追求费用最小的出行路径，最终形成用户均衡。当所有用户没有受到控制时，在一般网络中，用户均衡导致较差的交通状况。在方格网络上，交通状况达到用户均衡时，交通流量的分配效率是本节研究的主要内容。

考虑有向方格交通网络 $G=(V,E)$，其中 V 为节点集，E 为路段集。P_i 表示点对 s_i、t_i 之间所有路径的集合，$i=1,2,\cdots,k$，令 $P=\bigcup_i P_i$，非负数 f_p 表示路径 p 上的流量，路段 e 上的流量 $f_e=\sum_{p\in P,e\in p} f_p$；函数 $l_e=l_e(f_e)$ 是系数非负、非递减的凸函数，表示路段 $e\in E$ 上流量为 f_e 时的旅行费用，$l_p(x)=\sum_{e\in p} l_e(x)$；非负实数 r_i 是点对 s_i、t_i 之间的交通流量。(G,r,l) 是交通网络为 G，交通流量为 r，路阻函数为 l 时的交通系统，简称交通系统。如果对于所有的 i 有 $\sum_{p\in p_i} x_p=r_i$ 成立，则称流 x 是可行流。综上可知，任意可行流 x 的总费用可表示为 $C(x)=\sum_{p\in P} l_p(x)x_p=\sum_{e\in E} l_e(x)x_e$。用户均衡时的交通流量分配效率是衡量网络性能的一个重要指标，其值越小，说明网络性能越好。只有清楚认识网络上用户均衡时的交通流量分配效率，才能采取有效的措施应对存在的问题，达到改善交通状况的目的。

由基本假设及上述的分析直接可以得到下面的结论。

性质 3-1： 假设交通网络 G 是有向方格网络，$l_{p_i}(x)$、$l_{p_j}(x)$ 是其上任意两点 s、t 之间两条不同路径 p_i、p_j 上的路阻函数，则有 $\sum_{e\in p_i} l_e(0)=\sum_{e\in p_j} l_e(0)$。

每条路径上的零流费用是组成该路径所有边上零流费用之和。性质 3-1 说明了在方格网络上同一点对之间不同路径上的零流费用相等。这是方格网络特有的属性，性质 3-1 是研究方格网络上交通流量分配效率的基础。

为了方便研究，先介绍用户均衡流和系统最优流的定义及其求解方法。

定义 3-3： 假设 (G,r,l) 的一个可行流 f 对于所有的点对 $i\in\{1,2,\cdots,k\}$，$p_1,p_2\in P_i$ 和 $\delta\in\left[0,f_{p_1}\right]$，满足 $l_{p_1}\left(f_{p_1}\right)\leqslant l_{p_2}\left(\tilde{f}_{p_2}\right)$[6]，其中，

$$\tilde{f}_p=\begin{cases} f_p-\delta, & p=p_1 \\ f_p+\delta, & p=p_2 \\ f_p, & p\notin\{p_1,p_2\} \end{cases} \tag{3-25}$$

可行流 f 称为 (G,r,l) 在 Wordrop 意义下的用户均衡流。当形成用户均衡流时，有流路径上每个用户的旅行费用都相等。根据文献[6]可知，当路阻函数是系数非负、非递减且路段通行能力没有限制时，用户均衡流是存在且唯一的。求解规划（3-26）可以得到用户均衡流：

$$\min\sum_{e\in E}\int_0^{f_e} l_e(x)\mathrm{d}x \tag{3-26a}$$

$$\text{s.t.}\ \sum_{p\in p_i} f_p=r_i \qquad \forall i\in\{1,2,\cdots,k\} \tag{3-26b}$$

$$f_e=\sum_{p\in P,e\in p} f_p \quad \forall e\in E \tag{3-26c}$$

$$f_p\geqslant 0 \qquad \forall p\in P \tag{3-26d}$$

定义 3-4： 系统最优流是指能使所有用户所花费用总和最小的可行流。求解规划（3-27）可以得系统最优流[6]，即

$$\min\sum_{e\in E} c_e\left(f_e\right) \tag{3-27a}$$

$$\text{s.t.}\ \sum_{p\in p_i} f_p=r_i \qquad \forall i\in\{1,2,\cdots,k\} \tag{3-27b}$$

$$f_e=\sum_{p\in P,e\in p} f_p \quad \forall e\in E \tag{3-27c}$$

$$f_p \geqslant 0 \qquad \forall p \in P \tag{3-27d}$$

其中，$c_e(f_e)=\sum_{e\in E} l_e(f_e) f_e$ 。

系统最优流的等价定义是可行流 f 是 (G,r,l) 的系统最优流，当且仅当对于任意的 $i\in\{1,2,\cdots,k\}$ 及 $p_1,p_2\in P_i$，$f_{p_1}>0$，$c'_{p_1}(f)\leqslant c'_{p_2}(f)$ 成立。

规划（3-27）很容易理解，当满足约束条件时，该流使得用户花费的旅行费用最小。等价定义根据定义 3-4 得来，或者将系统最优流理解为边际费用下的用户均衡流。

在规划（3-26）和规划（3-27）中，由于目标函数是凸函数，约束条件（3-26b）和约束条件（3-27b）是流量的线性函数。因此，这两个规划都是凸规划，可以在多项式时间内求解。

3.2.2　用户均衡时的分配效率

下面研究方格网络上用户未受到控制，只追求旅行费用最小时交通流量的分配效率。

1. 线性路阻函数的情形

路段上的旅行费用会随着流量的增加而增加，因此，一般假设路段上的路阻函数是系数非负、非递减的函数。具体内容安排如下：①研究方格网络路段上的路阻函数是系数非负线性函数时的情形；②研究路阻函数是系数非负二次函数时的情形。

线性路阻函数是最基本、最简单的一种函数，也是最容易处理的函数。实际生活中，经常会将抽象的函数近似成线性函数处理。下面研究路阻函数为线性函数，交通状况达到用户均衡时的交通流量的分配效率。

定理 3-3：假设方格网络 G 每条边上的路阻函数是系数非负的线性函数，f 表示用户追求旅行费用最小时，(G,r,l) 的用户均衡流，f^* 是其系统最优流，则 $C(f)=C(f^*)$。

证明：因为 f 是 (G,r,l) 的用户均衡流，则在同一点对间路径 p_i、p_j 上，有

$$\sum_{e\in p_i} a_e f_e + b_e \leqslant \sum_{e\in p_j} a_e f_e + b_e \tag{3-28}$$

式（3-28）两边同乘以 2，可得

$$\sum_{e\in p_i} 2a_e f_e + 2b_e \leqslant \sum_{e\in p_j} 2a_e f_e + 2b_e \tag{3-29}$$

又因为网络 G 是方格网络，根据性质 2-2，在路径 p_i、p_j 上有 $\sum_{e\in p_i} b_e = \sum_{e\in p_j} b_e$，所以，

$$\sum_{e\in p_i} 2a_e f_e + b_e \leqslant \sum_{e\in p_j} 2a_e f_e + b_e \tag{3-30}$$

由于 f^* 是系统最优流，则在路径 p_i、p_j 上，有

$$\sum_{e\in p_i} 2a_e f_e^* + b_e \leqslant \sum_{e\in p_j} 2a_e f_e^* + b_e \tag{3-31}$$

由系统最优流的唯一性可知，$f = f^*$，即 $C(f) = C(f^*)$。

定理得证。

定理 3-3 表明，当路阻函数是系数非负的线性函数时，用户均衡流和系统最优流相等，这是由方格网络本身的特性决定的。也意味着，不需要任何交通控制，用户自由竞争选择自己的路径就可使方格网络上的交通状况达到系统最优，这正是方格网络自身的优点。

2. 系数非负二次路阻函数的情形

为了得到路阻函数是二次函数时，方格网络上用户均衡时的交通流量分配效率，先给出下面几个引理。

引理 3-4： 假设方格网络 G 上的路阻函数是系数非负的二次函数，f 是 (G,r,l) 的用户均衡流，则 $2f/3$ 是 $(G,2r/3,l)$ 的系统最优流。

证明：因为 f 是 (G,r,l) 的用户均衡流，路段 $e\in E$ 上的路阻函数为 $l_e(x) = a_e x_e^2 + b_e x_e + c_e$，$a_e$、$b_e$、$c_e \geqslant 0$，所以同一点对间不同路径 p_i、p_j 上，有

$$\sum_{e\in p_i} a_e f_e^2 + b_e f_e + c_e \leqslant \sum_{e\in p_j} a_e f_e^2 + b_e f_e + c_e \tag{3-32}$$

式（3-32）两边同乘以 4/3，得

$$\sum_{e\in p_i} \frac{4}{3} a_e f_e^2 + \frac{4}{3} b_e f_e + \frac{4}{3} c_e \leqslant \sum_{e\in p_j} \frac{4}{3} a_e f_e^2 + \frac{4}{3} b_e f_e + \frac{4}{3} c_e$$

网络 G 是方格网络，根据性质 2-2，在路径 p_i、p_j 上有 $\sum_{e\in p_i} c_e \leqslant \sum_{e\in p_j} c_e$，由此可得

$$\sum_{e\in p_i} \frac{4}{3} a_e f_e^2 + \frac{4}{3} b_e f_e + c_e \leqslant \sum_{e\in p_j} \frac{4}{3} a_e f_e^2 + \frac{4}{3} b_e f_e + c_e \tag{3-33}$$

式（3-33）可变形为

$$\sum_{e\in p_i}3a_e\left(\frac{2}{3}f_e\right)^2+2b_e\left(\frac{2}{3}f_e\right)+c_e\leqslant\sum_{e\in p_j}3a_e\left(\frac{2}{3}f_e\right)^2+2b_e\left(\frac{2}{3}f_e\right)+c_e$$

令 $f^*=\frac{2}{3}f$ 可得

$$\sum_{e\in p_i}3a_e\left(f_e^*\right)^2+2b_ef_e^*+c_e\leqslant\sum_{e\in p_j}3a_e\left(f_e^*\right)^2+2b_ef_e^*+c_e \tag{3-34}$$

由式（3-34）可知 f^* 是 $\left(G,\frac{2}{3}r,l\right)$ 的系统最优流。

引理得证。

当路阻函数是系数非负的二次函数，用户追求旅行费用最小选择出行路径时，引理 3-4 给出了方格网络上 $(G,2r/3,l)$ 的系统最优流 f^* 与 (G,r,l) 的用户均衡流 f 之间具体的函数关系，即只要知道 (G,r,l) 的用户均衡流，就可以知道 $(G,2r/3,l)$ 的系统最优流，这是方格网络上特有的结论。在一般网络上，用户均衡流和系统最优流之间没有特定的函数关系。引理 3-4 对于分析用户均衡时交通流量的分配效率起到了重要的作用。

当交通流量发生变化时，用户花费的总费用会增加。方格网络上达到用户均衡流时，用户总费用随着交通流量的增加会怎样改变是本节的主要研究内容。引理 3-5 给出了任一可行流所花费用的下界。

引理 3-5： 假设方格网络 G 的路阻函数是系数非负、非递减的凸函数，f^* 是 (G,r,l) 的系统最优流，则对于任意的 $\delta>0$，$\left(G,(1+\delta)r,l\right)$ 的任一可行流所花费的费用至少是 $C\left(f^*\right)+\delta\sum_{i=1}^{k}L_i^*\left(f^*\right)r_i$，其中 $L_i^*\left(f^*\right)=l_p\left(f_p^*\right)+f_p^*l_p'\left(f_p^*\right)=l_p^*\left(f_p^*\right)$，$p\in P_i$。

证明：对于固定的 $\delta>0$，令 f 是 $\left(G,(1+\delta)r,l\right)$ 的任一可行流，则在任意路段 $e\in E$ 上，f_e、f_e^* 的大小关系无法确定，但由于路阻函数 l_e 是非负凸函数，则

$$l_e\left(f_e\right)\geqslant l_e\left(f_e^*\right)+\left(f_e-f_e^*\right)l_e'\left(f_e^*\right) \tag{3-35}$$

不等式（3-35）两边对所有的边 $e\in E$ 求和，可得

$$\begin{aligned}C(f)&=\sum_e l_e\left(f_e\right)f_e\\&\geqslant\sum_e l_e\left(f_e^*\right)f_e^*+\sum_e\left(f_e-f_e^*\right)l_e^*\left(f_e^*\right)\\&=C\left(f^*\right)+\sum_{i=1}^{k}\sum_p\left(f_p-f_p^*\right)l_p^*\left(f_p^*\right)\end{aligned} \tag{3-36}$$

对于任意的 i 和路径 $p\in P_i$，$L_i^*\left(f^*\right)\leqslant l_p^*\left(f_p^*\right)$ 成立，当 $f_p^*=0$ 时，等号才成立。因此，

$$\begin{aligned}C(f)&\geqslant C\left(f^*\right)+\sum_{i=1}^{k}\sum_{p}\left(f_p-f_p^*\right)L_p^*\left(f_p^*\right)\\&\geqslant C\left(f^*\right)+\delta\sum_{i=1}^{k}L_i^*\left(f_p^*\right)r_i\end{aligned}\tag{3-37}$$

引理得证。

任意可行流时，用户花费的总费用可能会非常大，如交通状况比较差的情况。引理 3-5 给出了 (G,r,l) 的任意一个可行流总费用的下界，即 (G,r,l) 的任意一个可行流所花费用不会少于 $C\left(f^*\right)+\delta\sum_{i=1}^{k}L_i^*\left(f^*\right)r_i$。用 (G,r,l) 系统最优流的费用界定可行流费用的下界，从而建立了任意一个可行流总费用与系统总费用之间的关系。

引理 3-6: 假设方格网络 G 的路阻函数是系数非负、非递减的凸函数，f_1、f_1^* 分别是 $\left(G,r,ax^2+bx\right)$ 的用户均衡流和系统最优流，f_2、f_2^* 分别是 $\left(G,r,ax^2+bx+c\right)$ 的用户均衡流和系统最优流，则 $\dfrac{C\left(f_1\right)}{C\left(f_1^*\right)}\leqslant\dfrac{C\left(f_2\right)}{C\left(f_2^*\right)}$。

证明：首先证明 $f_1=f_2$ 和 $f_1^*=f_2^*$。因为在方格网络 G 上同一点对间不同路径 p_i、p_j 上有 $\sum_{e\in p_i}c_e=\sum_{e\in p_j}c_e$，又因为 f_1 是 $\left(G,r,ax^2+bx\right)$ 的用户均衡流，所以有

$$\sum_{e\in p_i}a_ef_1^2+b_ef_1\leqslant\sum_{e\in p_j}a_ef_1^2+b_ef_1\tag{3-38}$$

显然可得

$$\sum_{e\in p_i}a_ef_1^2+b_ef_1+c_e\leqslant\sum_{e\in p_j}a_ef_1^2+b_ef_1+c_e\tag{3-39}$$

即 $f_1=f_2$，同理可证 $f_1^*=f_2^*$。下面证明引理的结论，计算总费用可得

$$\begin{aligned}\sum_{e}c_ef_{e_2}&=\sum_{p}c_pf_{p_2}=\sum_{i}\sum_{p\in P_i}c_p^if_{p_2}=\sum_{i}c_p^i\sum_{p\in P_i}f_{p_2}\\&=\sum_{i}c_p^ir_i=\sum_{i}\sum_{p\in P_i}c_p^if_{p_2}^*=\sum_{e}c_ef_{e_2}^*\end{aligned}\tag{3-40}$$

因此，由式（3-39）可知：

$$\frac{C(f_2)}{C(f_2^*)}=\frac{\sum_e\left[a_e\left(f_{e_2}\right)^2+b_ef_{e_2}+c_e\right]f_{e_2}}{\sum_e\left[a_e\left(f_{e_2}^*\right)^2+b_ef_{e_2}^*+c_e\right]f_{e_2}^*}=\frac{\sum_e\left[a_e\left(f_{e_2}\right)^2+b_ef_{e_2}\right]f_{e_2}+\sum_e c_ef_{e_2}}{\sum_e\left[a_e\left(f_{e_2}^*\right)^2+b_ef_{e_2}^*\right]f_{e_2}^*+\sum_e c_ef_{e_2}^*}$$
$$\leqslant\frac{\sum_e\left[a_e\left(f_{e_2}\right)^2+b_ef_{e_2}\right]f_{e_2}}{\sum_e\left[a_e\left(f_{e_2}^*\right)^2+b_ef_{e_2}^*\right]f_{e_2}^*}=\frac{\sum_e\left[a_e\left(f_{e_1}\right)^2+b_ef_{e_1}\right]f_{e_1}}{\sum_e\left[a_e\left(f_{e_1}^*\right)^2+b_ef_{e_1}^*\right]f_{e_1}^*}=\frac{C(f_1)}{C(f_1^*)} \quad (3\text{-}41)$$

引理得证。

引理 3-6 说明，同一方格网络上，当交通流量相同且路阻函数是二次函数，用户追求旅行费用最小的出行路径，达到用户均衡时，交通流量分配效率的最差情形总是出现在路阻函数常数项都为零的情形。因此，只要讨论零流费用为零的路阻函数下交通流量的分配效率即可。引理 3-6 为进一步得到用户均衡时交通流量分配效率的上界提供了一个崭新的思路。

下面研究路阻函数的常数项为零，交通状况达到用户均衡时交通流量的分配效率。

定理 3-4： 假设(G,r,l)的路阻函数是系数非负的二次函数$l=ax^2+bx$，交通网络G是方格网络，f、f^*分别是用户均衡流和系统最优流，则$C(f)\leqslant 1.35C(f^*)$。

证明：令$L_i(f)$表示用户均衡流为f时点对s_i、t_i之间有流路径上花费的费用，则点对s_i、t_i之间的总费用为$C_i(f)=L_i(f)r_i$。根据引理 3-5 可知$\frac{2}{3}f$是$\left(G,\frac{2}{3}r,l\right)$的系统最优流且有关系式$L_i^*\left(\frac{2}{3}f\right)=\frac{4}{3}L_i(f)$成立。

取$\delta=0.5$，令x是(G,r,l)的任一可行流，由引理 3-5 可得

$$\begin{aligned}C(x)&\geqslant C\left(\frac{2}{3}f\right)+\frac{1}{2}\sum_{i=1}^{k}L_p^*\left(\frac{2}{3}f\right)\frac{2}{3}r_i\\&=C\left(\frac{2}{3}f\right)+\frac{1}{2}\times\frac{4}{3}\times\frac{2}{3}\sum_{i=1}^{k}L_i(f)r_i\\&=C\left(\frac{2}{3}f\right)+\frac{4}{9}\sum_{i=1}^{k}L_i(f)r_i\\&=C\left(\frac{2}{3}f\right)+\frac{4}{9}C(f)\end{aligned}\quad(3\text{-}42)$$

下面计算$C\left(\frac{2}{3}f\right)$的大小。

$$
\begin{aligned}
C\left(\frac{2}{3}f\right) &= \sum_e a_e\left(\frac{2}{3}f_e\right)^3 + b_e\left(\frac{2}{3}f_e\right)^2 \\
&\geqslant \frac{8}{27}\left[\sum_e a_e\left(f_e\right)^3 + b_e\left(f_e\right)^2\right] \\
&= \frac{8}{27}C(f)
\end{aligned}
\tag{3-43}
$$

因此，

$$
\begin{aligned}
C(x) &\geqslant \frac{8}{27}C(f) + \frac{4}{9}C(f) \\
&= \frac{8}{27}C(f) + \frac{4}{9}C(f) \\
&= \frac{20}{27}C(f)
\end{aligned}
\tag{3-44}
$$

不等式（3-44）对于任意的可行流 x 都成立，令 x 是 (G,r,l) 的最优流 f^*，可得结论。

定理得证。

定理 3-4 表明，当路阻函数是系数非负的二次函数时，方格网络上交通状态达到用户均衡时的交通流量分配效率是1.35，小于相同情形下一般网络上用户均衡时的交通流量分配效率1.626。说明在方格网络上交通状态达到用户均衡时，用户所花费的总费用更接近系统最优时的总费用。

方格网络是很多城市道路交通网络的典型结构之一，分析交通方格网络结构特点和交通流量分配效率具有非常重要的理论和实际意义。一般网络的情形，已经有很完善的研究成果，研究特殊网络上交通流量分配效率是对已有成果的补充和完善，进一步丰富其内容。该研究可为道路建设规划部门进行道路改造和增加新道路的设计提供理论依据。对方格网络上交通流量分配效率进行量化研究，使得交通部门对现有城市方格网络上的交通流量分配效率有一个更深刻的认识，以便采取正确的应对策略。研究结果表明，在方格网络上，当路阻函数是系数非负的线性函数和二次函数时，用户均衡时的交通流量分配效率分别是1和1.35，说明方格网络有很好的传送流量功能。

本章主要研究交通流量已知且用户只追求旅行费用最小时，方格网络上的交通流量分配效率。首先研究了所有用户都追求旅行费用最小，部分用户可控，而另外一部分用户不可控时的情形。在方格网络中采用 SCALE 策略分配可控的交通流量时，交通流量分配效率有如下结论：当路阻函数是线性函数时，SCALE 策略下的交通状况达到用户均衡时的分配效率是 1。路阻函数可微时的交通流量分配效率如下：当$1 \leqslant A \leqslant 2$时，交通流量分配效率是 1；当$2 < A$时，交通流量分

配效率是$(A-1)^2$，其中A为路阻函数的雅可比矩阵的相似性系数。结果表明，当部分用户受到控制时，在方格网络上交通状况也会得到改善，但交通流量分配效率与所控制用户的数量无关；针对用户出行时追求费用最小的路径，而不考虑其他用户如何选择路径，在一般网络中导致系统费用较大的问题，从实际出发，重点讨论了方格网络上用户只追求自己旅行费用最小且用户不可控的情形。研究结果表明，当路阻函数是系数非负的线性函数和二次函数时，用户均衡时的交通流量分配效率会从一般网络中的1.33和1.626减少到方格网络中的1和1.35。

参考文献

[1] 武小平, 徐寅峰, 方静. 方格网络上部分用户可控时流量分配效率[J]. 系统工程, 2012, 30(1): 104-108.

[2] 武小平, 徐寅峰, 苏兵. 方格网络上用户均衡行为效率损失研究[J]. 运筹与管理, 2009, 18(4): 25-30.

[3] WU X, ZHENG F, LONG X. The efficiency loss of user equilibrium with linear non-separable and asymmetric latency functions[C]. 2010 International Conference of Information Science and Management Engineering(ISME 2010), Xi'an, 2010: 385-388.

[4] ROUGHGARDEN T. Stackelberg scheduling strategies[C]. Proceedings of the 33rd Annual ACM Symposium on Theory of Computing, New York, 2001: 104-113.

[5] PERAKIS G. The price of anarchy when costs are non-separable and asymmetric[C]. Proceedings of the 10th International Integer Programming and Combinatorial Optimization Conference, New York, 2004: 46-58.

[6] ROUGHGARDEN T, TARDOS E. How bad is selfish routing?[J]. Journal of the ACM, 2002, 49(2): 236-259.

第 4 章　时点交通流量未知时具有用户预期的分配效率

交通流量的预测方法主要有增长率法和原单位法。增长率法通过将不同分区的发生、吸引交通流量与预测年度的增长率相乘，从而求得各分区的未来交通流量；原单位法是将每人或每户单位面积平均产生的交通流量作为原单位，交通小区的交通流量是原单位与小区人口数或总户数或总面积相乘所得的结果。采用上述预测交通流量的方法，虽然可以估计交通流量的大致范围，但由于用户出行的随机性以及缺乏交通信息或获取信息工具的局限性，出发地某时点准确的交通流量很难获知。

第 2、3 章讨论了时点交通流量已知的情形下，用户选择出行路径，交通状况达到用户均衡时的交通流量分配效率。当无法准确获知出发地某时点的交通流量时，用户只能先对交通流量进行预期，然后根据预期流量选择出行路径。

假设所有用户都认为实际的交通流量 r 在某个区间 $\left[m,M\right]$，有的用户认为交通流量小于 r，有的则认为交通流量大于 r，存在两种极端的预期情形：其一，用户悲观地认为时点处的交通流量是 $M\left(\geqslant r\right)$，称这种预期为悲观预期。当所有用户都悲观预期时点的交通流量时，即每个用户都认为时点的交通流量是 $M\left(\geqslant r\right)$ 单位而不是 r 单位，根据交通流量 M 选择路径；其二，用户乐观地认为时点处的交通流量是 $m\left(\leqslant r\right)$，称这种预期为乐观预期。当所有用户都乐观预期时点交通流量时，即每个用户都认为时点的交通流量是 $m\left(\leqslant r\right)$ 单位而不是 r 单位，根据交通流量 m 选择路径。交通流量已知情形下的分配就是用户确切知道交通流量时的分配，否则，称为交通流量未知情形下的分配。本章主要研究交通流量未知情形下，悲观预期和乐观预期交通流量选择路径时用户所花费用，与确切知道交通流量交通状况达到用户均衡时用户所花费用之间的关系[1-3]。

4.1　用户悲观预期时的交通流量分配效率

用户从出发地去目的地，由于缺乏交通信息，无法确切获知出发地某时点的交通流量，只能根据预期的交通流量选择路径。考虑有向图 $G=\left(V,E\right)$，其中 V 为节点集，E 为路段集；$f_e=\sum\limits_{p\in P,e\in p} f_p$；$P$ 表示点对 s、t 之间所有路径的集合；$f:P\to R^+$

是关于流量的函数，如果$\sum_{p\in P}x_p=r$成立，则流量x是可行流；r表示点对s、t之间的交通流量，交通流量$r\in[m,M]$。$l_e=l_e(x_e)$为路段$e\in E$上的路阻函数，它是路段流量x_e的单调递增函数；$l_p(f_p)$表示路径p上流量为f_p时用户通过该路径所花费的费用。根据上面的定义，用户均衡流f的总费用可表示为

$$C(f)=\sum_{p\in P}l_p(f)f_p=\sum_{e\in E}l_e(f)f_e \tag{4-1}$$

本节研究基于以下假设。

假设 4-1：悲观预期时所有用户都认为时点处有M单位的交通流量，或者乐观预期时所有用户都认为时点处有m单位的交通流量。

假设 4-2：所有用户选择路径的目标一致，都选择旅行费用最小的路径出行，而不考虑其他用户的出行方式。

4.1.1　悲观预期流的相关定理及引理

随着私家车越来越多，城市拥堵现象越来越严重，根据现实交通状况，用户往往会悲观预期交通流量。悲观预期流是当所有用户都悲观预期交通流量而选择自己的出行路径时，交通网络上形成的流量。本小节主要研究用户悲观预期下的交通流量分配效率。为方便起见，先对相关的符号做简单说明。记$\tau=r/M\leqslant 1$，f'是(G,r,l)的悲观预期流，相应的总费用记为$C(f')$。f^*是(G,M,l)的用户均衡流，相应的费用记为$C(f^*)$。f是(G,r,l)的用户均衡流，相应的费用记为$C(f)$。本小节主要研究$C(f')$与$C(f)$之间的关系，即研究交通流量未知情形和交通流量已知情形下交通流量分配所花费用之间的关系。

根据第 2、3 章的分析可知，(G,M,l)、(G,r,l)的用户均衡流f^*、f可以通过求解变分不等式或求解凸规划得到，而流量之间的关系是进一步分析悲观预期流f'费用和用户均衡流f费用之间关系的基础。下面先研究悲观预期流f'与用户均衡流f^*之间的关系，定理 4-1 给出了它们之间的量化关系。

定理 4-1：现有τM单位的交通流量从起点s到目的地t，假设所有用户都认为起点s有M单位的交通流量，并都以此选择自己的出行路径。如果f^*是(G,M,l)的用户均衡流，则$(G,\tau M,l)$的悲观预期流$f'=\tau f^*$，其中$\tau=r/M$。

证明：如果实际的交通流量是M，所有用户都认为起点s有M单位的交通流量，则所有用户对交通流量预期准确，所形成的流量是(G,M,l)的用户均衡流f^*。也就是说，如果实际的交通流量是M，按照流量f^*分配交通流量时，从s到t所

有用户花费的费用都相等。然而，实际的交通流量是$r(=\tau M)$，每个用户都把流量扩大了$1/\tau$倍才达到用户均衡流f^*。因此，交通网络上实际的流量是f^*的τ倍，即$f'=\tau f^*$。

定理得证。

定理 4-1 不但给出了悲观预期流与用户均衡流之间的关系，也给出了悲观预期流的计算方法。由用户均衡流的计算方法可知，(G,M,l)的用户均衡流f^*可以通过求解某个凸规划得到，因此，很容易计算出悲观预期流，即如果f^*是(G,M,l)的用户均衡流，$(G,\tau M,l)$的悲观预期流$f'=\tau f^*$。

引理 4-1 说明悲观预期流是存在且唯一的。

引理 4-1： 假设(G,r,l)的路阻函数是系数非负、非递减的连续可微函数，则它的悲观预期流是存在且唯一的。

证明：由文献[4]中引理 2.6 可知，当(G,r,l)的路阻函数是系数非负、非递减的连续可微函数，它的用户均衡流是存在且唯一的，根据悲观预期流与用户均衡流的关系可知，悲观预期流也是存在且唯一的。

引理得证。

为了便于开展研究，先介绍引理 4-2。

引理 4-2： 假设(G,r,l)有系数非负、非递减的连续可微路阻函数，$L(G,r,l)$表示形成用户均衡流时同一点对之间不同路径上的公共费用，则$L(G,r,l)$是交通流量r的非递减函数。

证明：假设$L(G,r_1,l)$、$L(G,r_2,l)$分别表示在(G,r_1,l)、(G,r_2,l)上形成用户均衡流时同一点对之间不同路径上的公共费用。用反证法证明，令$r_1 \leqslant r_2$，假如$L(G,r_1,l) > L(G,r_2,l)$，则对任意有流的路径上有$l_p\left(f_p^{r_1}\right) > l_p\left(f_p^{r_2}\right)$成立。由于路阻函数是单调非递减的，因此，有$f_p^{r_1} > f_p^{r_2}$，两边对所有的路径求和可得

$$r_1 = \sum_p f_p^{r_1} > \sum_p f_p^{r_2} = r_2 \tag{4-2}$$

式（4-2）与$r_1 \leqslant r_2$矛盾，结论成立。

引理得证。

引理 4-3： 假设l是系数非负、非递减的连续可微函数，当形成用户均衡流时，令P_M是(G,M,l)上有流路径的集合，P_r是(G,r,l)上有流路径的集合，其中$r \leqslant M$，记f_M、f_r分别是交通流量为M、r时的用户均衡流，则$P_r \subseteq P_M$。

证明：由文献[4]中引理 2.6 可知，用户均衡流存在且唯一，因此，有流路径的集合P_M和P_r也是唯一确定的。下面证明P_M与P_r之间的关系。将交通网络上所有路径按照零流费用从小到大的顺序排列，所有路径组成的集合记为$P=\{p_1,p_2,\cdots,p_n\}$，

因为用户总是选择费用最少的路径出行，所以，当 $i \leqslant j$ 时，如果流 $f_{p_j} > 0$，则必有 $f_{p_i} > 0$。现假设 P_M、P_r 中元素的个数分别是 h、l，下面证明 $h \geqslant l$。用反证法证明，假如 $h < l$，由用户均衡流的定义可知，有流路径上的费用总小于无流路径上的费用，(G,M,l) 在第 l 条路径上肯定没有流量，即 $l_{p_h}(f_M) < l_{p_l}(0)$。由路阻函数的单调性可知，$l_{p_l}(0) < l_{p_l}(f_r)$，因此，有 $l_{p_h}(f_M) < l_{p_l}(f_r)$。这与引理 4-2 相矛盾，因此，$h \geqslant l$，即 $P_M \supseteq P_r$。

引理得证。

引理 4-3 说明当形成用户均衡流时，交通网络上有流路径的数量也是交通流量 r 的非递减函数。显然，该结论与实际的交通情况相符合。所有用户选择路径的标准相同，都选择旅行费用最小的路径出行。由此可知，零流费用比较小的路径肯定先被使用，而零流费用比较大的路径能否有流量与交通流量大小有关，交通流量越大，被选择的可能性越大，否则越小，说明交通网络中被使用的路径数量是交通流量的非递减函数。由引理 4-3 可知，(G,r,l) 的悲观预期流所使用的路径和 (G,M,l) 的用户均衡流所使用的路径相同。因此，(G,r,l) 的悲观预期流在交通网络上所使用的路径集合包含交通流量已知时，(G,r,l) 的用户均衡流在交通网络上路径组成的集合。

4.1.2　悲观预期流的效率边界

1. 分配效率的上界

根据悲观预期流的定义可知，其是在用户不知道某个时点确切交通流量的情况下，以悲观态度预期交通流量且追求旅行费用最少选择出行路径的结果，而用户均衡流是所有用户在该时点知道确切交通流量的情况下，追求旅行费用最少选择出行路径形成的流量。事实上，这两种不同的交通流是用户对信息掌握程度不同而形成的。通过研究悲观预期流的总费用和用户均衡流的总流费用之间的关系，可以反映出信息对交通流量分配效率的影响。本小节主要研究路阻函数是系数非负的线性函数时，悲观预期流总费用与用户均衡流总费用之间的大小关系。

首先给出下面几个引理，它们是研究交通流量分配效率的基础。

引理 4-4： 假设 $(G,\tau M,l)$ 的路阻函数是系数非负的线性函数，在每条有流路径 p_i、p_j 上，旅行费用 $\sum\limits_{e\in p_i} a_e f'_e + b_e \geqslant \sum\limits_{e\in p_j} a_e f'_e + b_e$ 当且仅当零流费用 $\sum\limits_{e\in p_i} b_e \geqslant \sum\limits_{e\in p_j} b_e$ 成立，其中 f' 是 $(G,\tau M,l)$ 的悲观预期流。

证明：充分性。设 f^* 是 (G,M,l) 的用户均衡流，对任意有流路径 p_i、p_j，有 $\sum_{e\in p_i} a_e f_e' + b_e = \sum_{e\in p_j} a_e f_e' + b_e$ 成立。

由于

$$\sum_{e\in p_i} b_e \geqslant \sum_{e\in p_j} b_e$$

则

$$\begin{aligned}
\sum_{e\in p_i} a_e f_e' + b_e &= \sum_{e\in p_i} \tau a_e f_e^* + b_e \\
&= \tau\left(\sum_{e\in p_i} a_e f_e^* + b_e + \frac{1-\tau}{\tau}\sum_{e\in p_i} b_e\right) \\
&\geqslant \tau\left(\sum_{e\in p_j} a_e f_e^* + b_e + \frac{1-\tau}{\tau}\sum_{e\in p_j} b_e\right) \\
&= \sum_{e\in p_j} a_e \tau f_e^* + b_e = \sum_{e\in p_j} a_e f_e' + b_e
\end{aligned} \tag{4-3}$$

充分性得证。充分性说明，当形成悲观预期流时，零流费用越大的路径上，实际旅行费用越大，反之越小。可知，路径上悲观预期流的大小由路径本身的特性决定。

必要性。因为

$$\sum_{e\in p_i} a_e f_e' + b_e \geqslant \sum_{e\in p_j} a_e f_e' + b_e \tag{4-4}$$

所以 $\sum_{e\in p_i} a_e \tau f_e^* + b_e \geqslant \sum_{e\in p_j} a_e \tau f_e^* + b_e$，从而可得

$$\tau\left(\sum_{e\in p_i} a_e f_e^* + b_e + \frac{1-\tau}{\tau}\sum_{e\in p_i} b_e\right) \geqslant \tau\left(\sum_{e\in p_j} a_e f_e^* + b_e + \frac{1-\tau}{\tau}\sum_{e\in p_j} b_e\right) \tag{4-5}$$

$$\sum_{e\in p_i} a_e f_e^* + b_e + \frac{1-\tau}{\tau}\sum_{e\in p_i} b_e \geqslant \sum_{e\in p_j} a_e f_e^* + b_e + \frac{1-\tau}{\tau}\sum_{e\in p_j} b_e \tag{4-6}$$

$$\frac{1-\tau}{\tau}\sum_{e\in p_i} b_e \geqslant \frac{1-\tau}{\tau}\sum_{e\in p_j} b_e \tag{4-7}$$

$$\sum_{e\in p_i} b_e \geqslant \sum_{e\in p_j} b_e \tag{4-8}$$

引理得证。

必要性说明，当形成悲观预期流时，零流费用较大的路径上实际旅行费用也较大。根据引理 4-4 可直接得到推论 4-1。

推论 4-1： 假设 f 和 f' 分别是 $(G,\tau M,l)$ 的用户均衡流和悲观预期流，且路阻函数是系数非负的线性函数，如果有流路径 p_i、p_j 上的旅行费用满足关系

$l_{p_i}(f') \geqslant l_{p_i}(f)$、$l_{p_j}(f') \leqslant l_{p_j}(f)$，则零流费用 $\sum_{e\in p_i} b_e \geqslant \sum_{e\in p_j} b_e$。

证明：因为 f' 和 f 分别是 $(G,\tau M,l)$ 的悲观预期流和用户均衡流，则有流路径 p_i、p_j 上，$l_{p_i}(f) = l_{p_j}(f)$ 成立，从而有 $l_{p_i}(f') \geqslant l_{p_j}(f)$，根据引理 4-4 可以得到结论。

推论得证。

推论 4-2： 假设 f 和 f' 分别是 $(G,\tau M,l)$ 的用户均衡流和悲观预期流，且路阻函数是系数非负的线性函数，则不等式 $\min_{p\in P}\left\{\sum_{e\in p} b_e \mid f'_p > f_p\right\} \geqslant \max_{p\in P}\left\{\sum_{e\in p} b_e \mid f'_p \leqslant f_p\right\}$ 成立。

证明：因为 f' 和 f 分别是 $(G,\tau M,l)$ 的悲观预期流和用户均衡流，如果在路径 p_i 上的流满足关系式 $f'_{p_i} > f_{p_i}$，由路阻函数的非递减性可知，$l_{p_i}(f') \geqslant l_{p_i}(f)$ 成立。同样，如果在路径 p_j 上的流满足关系式 $f'_{p_j} > f_{p_j}$，根据路阻函数的非递减性可知，$l_{p_j}(f') \geqslant l_{p_j}(f)$ 成立，由推论 4-1 可知零流费用满足关系式 $\sum_{e\in p_i} b_e \geqslant \sum_{e\in p_j} b_e$。当左边取最小值，右边取最大值，该关系式取等号。

推论得证。

推论 4-2 表明，悲观预期流 f'_p 比用户均衡流 f_p 大的路径上的零流费用最小值，大于悲观预期流 f'_p 比用户均衡流 f_p 小的路径上的零流费用最大值。

定理 4-2： 假设 f 和 f' 分别是 $(G,\tau M,l)$ 的用户均衡流和悲观预期流，且路阻函数是系数非负的线性函数，f^* 是 (G,M,l) 的用户均衡流，则 $C(f') \leqslant C(f)$。

证明：因为

$$\sum_{e\in E}(a_e f'_e + b_e)f_e - \sum_{e\in E}(a_e f'_e + b_e)f'_e = \sum_{e\in E}(a_e f'_e + b_e)(f_e - f'_e) \tag{4-9}$$

由悲观预期流的定义，可得

$$\sum_{e\in E}(a_e f'_e + b_e)(f_e - f'_e) = \sum_{e\in E}(a_e f^*_e + b_e)(f_e - f'_e) + (\tau - 1)\sum_{e\in E} a_e (f_e - f'_e) f^*_e \tag{4-10}$$

f^* 是 (G,M,l) 的用户均衡流，记 L_M 是 (G,M,l) 形成用户均衡流时路径上的公共费用，则

$$\begin{aligned}
&\sum_{e\in E}(a_e f'_e + b_e)(f_e - f'_e) \\
&= \sum_{e\in E} L_M (f_e - f'_e) + (\tau - 1)\sum_{e\in E} a_e (f_e - f'_e) f^*_e \\
&= (\tau - 1)\sum_{e\in E} a_e (f_e - f'_e) f^*_e
\end{aligned} \tag{4-11}$$

根据式（4-11），得

$$\begin{aligned}&\sum_{e\in E}\left(a_e f_e+b_e\right)f_e'-\sum_{e\in E}\left(a_e f_e'+b_e\right)f_e'+\sum_{e\in E}\left(a_e f_e'+b_e\right)f_e'-\sum_{e\in E}\left(a_e f_e'+b_e\right)f_e\\&=\tau\sum_{e\in E}a_e\left(f_e-f_e'\right)f_e^*-(\tau-1)\sum_{e\in E}a_e\left(f_e-f_e'\right)f_e^*\\&=\sum_{e\in E}a_e\left(f_e-f_e'\right)f_e^*=\sum_{e\in E}b_e\left(f_e'-f_e\right)\end{aligned}\tag{4-12}$$

由式（4-12），可得

$$\begin{aligned}&\sum_{e\in E}a_e\left(f_e-f_e'\right)f_e^*=\sum_{e\in E}b_e\left(f_e'-f_e\right)\\&=\sum_{p\in P}b_p\left(f_p'-f_p\right)+\sum_{p\in P}b_p\left(f_p'-f_p\right)\\&=\sum_{f_p<f_p'}b_p\left(f_p'-f_p\right)+\sum_{f_p\geqslant f_p'}b_p\left(f_p'-f_p\right)\end{aligned}\tag{4-13}$$

记 $b=\max\limits_{f_p\geqslant f_p'}\left(b_p\right)=\max\limits_{f_p\geqslant f_p'}\left(\sum_{e\in p}b_e\right)$，由推论 4-2 得

$$\begin{aligned}&\sum_{f_p<f_p'}b_p\left(f_p'-f_p\right)+\sum_{f_p\geqslant f_p'}b_p\left(f_p'-f_p\right)\\&\geqslant\min_{f_p<f_p'}\left(b_p\right)\sum_{f_p<f_p'}\left(f_e'-f_e\right)+\max_{f_p\geqslant f_p'}\left(b_p\right)\sum_{f_p\geqslant f_p'}\left(f_e'-f_e\right)\\&=\min_{f_p<f_p'}\left(\sum_{e\in p}b_e\right)\sum_{f_p<f_p'}\left(f_e'-f_e\right)+\max_{f_p\geqslant f_p'}\left(\sum_{e\in p}b_e\right)\sum_{f_p\geqslant f_p'}\left(f_e'-f_e\right)\\&\geqslant\max_{f_p\geqslant f_p'}\left(\sum_{e\in p}b_e\right)\sum_{e\in E}\left(f_e'-f_e\right)\\&=b\sum_{e\in E}\left(f_e'-f_e\right)\\&=0\end{aligned}\tag{4-14}$$

根据式（4-14），可得

$$\begin{aligned}&C(f)-C(f')\\&=\sum_{e\in E}\left(a_e f_e+b_e\right)f_e-\sum_{e\in E}\left(a_e f_e'+b_e\right)f_e'\\&\geqslant\sum_{e\in E}\left(a_e f_e+b_e\right)f_e'-\sum_{e\in E}\left(a_e f_e'+b_e\right)f_e'\\&=\tau\sum_{e\in E}a_e\left(f_e-f_e'\right)f_e^*\geqslant 0\end{aligned}\tag{4-15}$$

所以 $C(f')\leqslant C(f)$。

定理得证。

定理 4-2 表明，当所有用户都悲观预期交通流量，形成流量的总费用不大于准确获知交通流量时分配交通流量而花费的费用。结合引理 4-3 和定理 4-2 可知，

当用户悲观预期交通流量时，用户会绕行选择更多的路径出行，即将交通流量分配到更多的路径上，路径被充分利用，缓解了交通压力，同时也改善了交通状况。

图 4-1 为悲观预期流与用户均衡流相同的交通网络，表明零流费用（都是 b）相等时，$C(f') \leqslant C(f)$ 中等号成立，说明悲观预期流和用户均衡流的总费用相等。

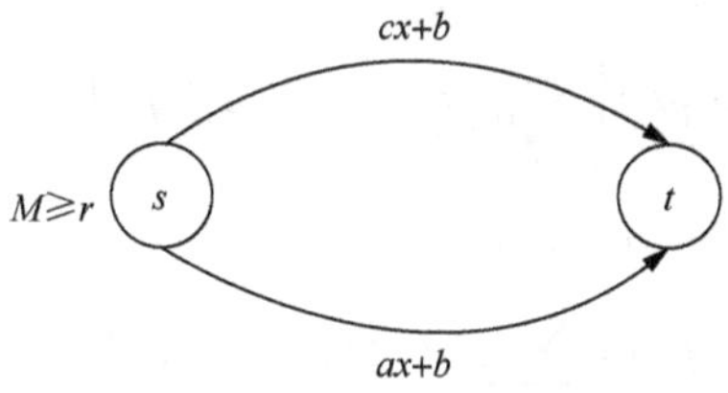

图 4-1　悲观预期流与用户均衡流相同的交通网络

由图 4-1 给出的交通网络可知，如果路阻函数零流费用相等，则悲观预期流和用户均衡流相同，表明上界是紧界。

图 4-2 给出的例子说明，存在悲观预期流优于用户均衡流的情形。

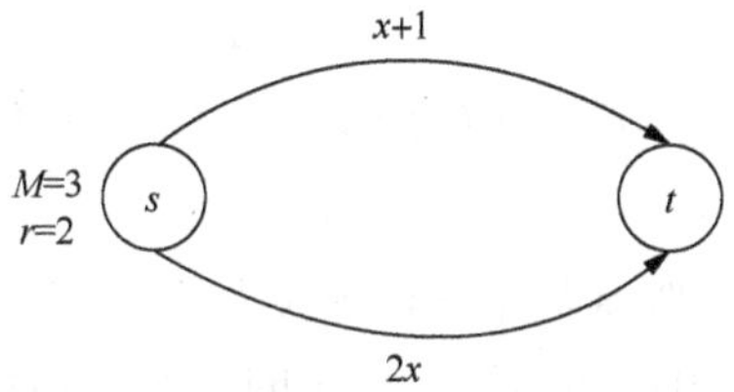

图 4-2　悲观预期流优于用户均衡流的交通网络

图 4-2 中，悲观预期流和用户均衡流分别是 $f' = \{10/9, 8/9\}$ 和 $f = \{1,1\}$，这两种流的总费用分别为 $C(f') = 318/81 < 4 = C(f)$，表明悲观预期流优于用户均衡流。

2. 分配效率的下界

通过悲观预期流的研究可知，当所有用户都悲观预期交通流量时，会选择更多的路径行驶，不但不会使交通状况恶化，还会改善交通状况。既然悲观预期流优于用户均衡流，那么悲观预期流改善交通的程度是下面研究的主要内容。先研究 $(G, \tau M, l)$ 的用户均衡流 f、悲观预期流 f' 和 (G, M, l) 的用户均衡流 f^* 三者费用之间的关系，并给出交通流量分配效率的下界。

定理 4-3：假设 f 和 f' 分别是 $(G,\tau M,l)$ 的用户均衡流和悲观预期流，f^* 是 (G,M,l) 的用户均衡流，路阻函数是系数非负、度数最大为 d 的多项式函数，则有 $C(f')\geqslant\tau^d C(f)$。

证明：由总费用的定义可知，f^*、f' 和 f 总费用之间的关系为

$$\begin{aligned}C(f')&=C(\tau f^*)=\sum_{e\in E}\left(a_p\tau^{d+1}f_e^{*d+1}+\cdots+\tau a_0\right)\cdot f_e^*\\&\geqslant\tau^{d+1}\left(\sum_{e\in E}a_p f_e^{*d+1}+\cdots+a_0 f_e^*\right)\\&=\tau^{d+1}C(f^*)\end{aligned}\tag{4-16}$$

$$C(f^*)=\sum_{p\in P}l_p(f^*)f_P^*=L(G,M,l)\cdot M\tag{4-17}$$

$$C(f)=\sum_{p\in P}l_p(f)f_P=L(G,\tau M,l)\cdot\tau M\tag{4-18}$$

由引理 4-2 可知，$L(G,M,l)\geqslant L(G,\tau M,l)$，则

$$\tau C(f^*)=L(G,M,l)\cdot\tau M\geqslant L(G,\tau M,l)\cdot\tau M=C(f)\tag{4-19}$$

因此，有

$$C(f')\geqslant\tau^{d+1}C(f^*)=\tau^d\tau C(f^*)\geqslant\tau^d C(f)\tag{4-20}$$

定理得证。

由定理 4-3 可知，当路阻函数是度数最大为 d、系数非负的多项式函数时，悲观预期流的总费用不小于用户均衡流总费用的 τ^d 倍。虽然悲观预期流比用户均衡流好，但不可能无限优于用户均衡流。因为 $\tau\leqslant1$，所以 τ^d 随着路阻函数度数 d 的增大而减小，即当路阻函数的度数越大，悲观预期流产生的优越性越大，交通状况越好。

由悲观预期流和用户均衡流之间的费用关系可知，当用户悲观预期交通流量时，交通流量分配效率不比交通流量已知时交通流量分配效率差。

4.2　用户乐观预期时的交通流量分配效率

4.2.1　乐观预期流的相关定理及引理

乐观预期流是指所有用户都以乐观的态度选择自己的出行路径，即所有用户都认为出发地有 $m(\leqslant r)$ 单位的交通流量时，交通网络上所形成的流量。为方便起见，记实际交通流量 $r=\mu m,\mu\geqslant1$。下面研究乐观预期流与用户均衡流之间的关系。

定理 4-4：现有 μm 单位的交通流量从起点 s 到目的地 t，假设所有用户都认为起点 s 有 m 单位的交通流量，并以此选择自己的出行路径。假设 f^* 是 (G,m,l) 的用户均衡流，则交通网络上的实际流量 $f'=\mu f^*$。

证明：如果实际的交通流量是 m，则所有用户对交通流量预期准确，形成的流量是 (G,m,l) 的用户均衡流 f^*。也就是说，如果实际的交通流量是 m，则从 s 到 t 所有用户花费的费用都相等。事实上，每个用户把交通流量缩小了 μ 倍，因此，交通网络上实际流量 f' 是 (G,m,l) 用户均衡流 f^* 的 μ 倍，即 $f'=\mu f^*$。

定理得证。

由定理 4-4 可知，通过计算用户均衡流的方法能够得到乐观预期流。

引理 4-5：假设 (G,r,l) 有系数非负、非递减的连续路阻函数，则其乐观预期流是存在且唯一的。

证明：由文献[4]中的引理 2.6 可知，当交通网络 (G,r,l) 有系数非负、非递减的连续路阻函数时，其用户均衡流是存在且唯一的，根据乐观预期流与用户均衡流的关系可知，它也是存在且唯一的。

引理得证。

引理 4-6：假设 l 是系数非负、非递减的函数，f_m、f_r 分别是交通流量为 m、r 时的用户均衡流，P_m 是 (G,m,l) 上有流路径的集合，P_r 是 (G,r,l) 上有流路径的集合，其中 $r \geqslant m$，则 $P_r \subseteq P_m$。

证明：由文献[4]中的引理 2.6 可知，用户均衡流存在且唯一，因此，路径集合 P_m 和 P_r 也是唯一确定的。下面证明 P_m 和 P_r 之间的关系。将交通网络上所有路径按照零流费用从小到大的顺序排列，组成的集合记为 $P=\{p_1,p_2,\cdots,p_n\}$，用户总是选择费用最少的路径出行，因此，当 $i \leqslant j$ 时，如果流 $f_{p_j}>0$，则必有 $f_{p_i}>0$。现假设 P_m、P_r 中元素的个数分别是 u、v，下面证明 $u \leqslant v$。用反证法证明，假如 $u>v$，由用户均衡流的定义可知，有流路径上的费用总小于无流路径上的费用，(G,r,l) 的用户均衡流在第 v 条路径上肯定有流量，在第 u 条路径上没有流量，即 $l_{p_v}(f_r)<l_{p_u}(0)$；由路阻函数的单调性可知 $l_{p_u}(0)<l_{p_u}(f_m)$，因此 $l_{p_v}(f_r)<l_{p_u}(f_m)$，这与引理 4-2 相矛盾，故 $u \leqslant v$，即 $P_m \subseteq P_r$。

引理得证。

由引理 4-6 可知，乐观预期流时，交通网络上有流路径集合是交通流量已知情形下，形成用户均衡流时有流路径集合的子集。说明当用户乐观预期交通流量时，出行相对比较集中，被使用的路径数量较少。

4.2.2 乐观预期流的效率边界

1. 分配效率的上界

由悲观预期流研究可知，当所有用户都悲观预期交通流量时，用户会绕行选择更多的路径出行，不但不会使交通状况变差，反而还会改善交通状况。那么用户乐观预期时交通状况会发生怎样的变化？下面主要研究乐观预期流总费用与用户均衡流总费用之间的关系，即$(G,\mu m,l)$的用户均衡流 f 、乐观预期流 f' 和(G,m,l)的用户均衡流 f^* 三者费用之间的关系，并给出交通流量分配效率的上界。

定理 4-5： 假设 f 和 f' 分别是$(G,\mu m,l)$的用户均衡流和乐观预期流， f^* 是(G,m,l)的用户均衡流，路阻函数是系数非负、度数最大为 d 的多项式函数，则有$\mu^d C(f)\geqslant C(f')$，其中 $\mu=r/m\geqslant 1$。

证明：由总费用的定义可知，流 f^* 、 f' 和 f 之间的关系为

$$C(f')=C(\tau f^*)=\sum_{e\in E}\left(\mu^{d+1}a_e f_e^{*d+1}+\cdots+\mu b_e\right)\cdot f_e^*\leqslant \mu^{d+1}C(f^*) \tag{4-21}$$

$$C(f^*)=\sum_{p\in P}l_p(f^*)f_P^*=L(G,m,l)\cdot m \tag{4-22}$$

$$C(f)=\sum_{p\in P}l_p(f)f_P=L(G,\mu m,l)\cdot \mu m \tag{4-23}$$

由引理 4-2 可知

$$L(G,m,l)\leqslant L(G,\mu m,l) \tag{4-24}$$

则有

$$\mu C(f^*)=L(G,m,l)\cdot \mu m\leqslant L(G,\mu m,l)\cdot \mu m=C(f) \tag{4-25}$$

$$C(f')\leqslant \mu^{d+1}C(f^*)=\mu\cdot\mu^d C(f^*)=\mu^d C(f) \tag{4-26}$$

定理得证。

定理 4-5 给出了乐观预期流的上界，表明乐观预期流的费用不会超过用户均衡流费用的 μ^d 倍。

2. 分配效率的下界

由乐观预期流的定义可知，其是在用户不知道确切交通流量的情况下，乐观预期交通流量的结果，而用户均衡流是所有用户知道交通流量的结果。事实上，这两种不同的交通流是用户对信息了解程度不同而形成的。通过研究乐观预期流的总费用和用户均衡流的总流费用之间的关系，度量信息对交通流量分配效果的影响。本小节主要研究路阻函数是系数非负的线性函数时，乐观预期流总费用与用户均衡流总费用之间的关系。

引理 4-7：当$(G,\mu m,l)$的路阻函数是系数非负的线性函数时，在每条有流路径p_i、p_j上，旅行费用$\sum_{e\in p_i} a_e f_e' + b_e \geqslant \sum_{e\in p_j} a_e f_e' + b_e$当且仅当零流费用时$\sum_{e\in p_i} b_e \leqslant \sum_{e\in p_j} b_e$成立，其中$f'$是$(G,\mu M,l)$的乐观预期流。

证明：充分性证明。设f^*是(G,m,l)的用户均衡流，对任意有流路径p_i、p_j，有$\sum_{e\in p_i} a_e f_e' + b_e = \sum_{e\in p_j} a_e f_e' + b_e$成立。

由于

$$\sum_{e\in p_i} b_e \leqslant \sum_{e\in p_j} b_e \tag{4-27}$$

因此，

$$\begin{aligned}\sum_{e\in p_i} a_e f_e' + b_e &= \sum_{e\in p_i} \mu a_e f_e^* + b_e \\ &= \mu\left(\sum_{e\in p_i} a_e f_e^* + b_e + \frac{1-\mu}{\mu}\sum_{e\in p_i} b_e\right) \\ &\geqslant \mu\left(\sum_{e\in p_j} a_e f_e^* + b_e + \frac{1-\mu}{\mu}\sum_{e\in p_j} b_e\right) \\ &= \sum_{e\in p_j} a_e \mu f_e^* + b_e = \sum_{e\in p_j} a_e f_e' + b_e\end{aligned} \tag{4-28}$$

必要性证明。因为

$$\sum_{e\in p_i} a_e f_e' + b_e \geqslant \sum_{e\in p_j} a_e f_e' + b_e \tag{4-29}$$

所以

$$\mu\left(\sum_{e\in p_i} a_e f_e^* + b_e + \frac{1-\mu}{\mu}\sum_{e\in p_i} b_e\right) \geqslant \mu\left(\sum_{e\in p_j} a_e f_e^* + b_e + \frac{1-\mu}{\mu}\sum_{e\in p_j} b_e\right) \tag{4-30}$$

$$\sum_{e\in p_i} a_e f_e^* + b_e + \frac{1-\mu}{\mu}\sum_{e\in p_i} b_e \geqslant \sum_{e\in p_j} a_e f_e^* + b_e + \frac{1-\mu}{\mu}\sum_{e\in p_j} b_e \tag{4-31}$$

$$\frac{1-\mu}{\mu}\sum_{e\in p_i} b_e \geqslant \frac{1-\mu}{\mu}\sum_{e\in p_j} b_e \tag{4-32}$$

$$\sum_{e\in p_i} b_e \leqslant \sum_{e\in p_j} b_e \tag{4-33}$$

引理得证。

引理 4-7 表明，交通网络上形成乐观预期流时，旅行费用越大的路径上，零流费用越小。同理可知，路径上的零流费用越小，该路径上实际旅行费用越大。这与实际的交通状况相符合，因为当用户乐观预期交通流量时，用户会优先选择零流费用较小的路径，所以更多的用户都在零流费用较小的路径上出行，无疑增加了路径的负担，也增加了旅行费用。在引理 4-7 的基础上可以得到如下推论。

推论 4-3： 假设 f 和 f' 分别是 $(G,\mu m,l)$ 的用户均衡流和乐观预期流，且路阻函数是系数非负的线性函数，如果有流路径 p_i、p_j 上的旅行费用满足关系式 $l_{p_i}(f')\geqslant l_{p_i}(f)$、$l_{p_j}(f')\leqslant l_{p_j}(f)$，则零流费用 $\sum_{e\in p_i}b_e\leqslant\sum_{e\in p_j}b_e$。

证明：因为 f' 和 f 分别是 $(G,\mu m,l)$ 的乐观预期流和用户均衡流，则在有流路径 p_i、p_j 上，$l_{p_j}(f)=l_{p_i}(f)$ 成立，从而有 $l_{p_i}(f')\geqslant l_{p_j}(f)$，根据引理 4-7 可以得到结论。

推论得证。

推论 4-4： 假设 f 和 f' 分别是 $(G,\mu m,l)$ 的用户均衡流和乐观预期流，且路阻函数是系数非负的线性函数，则不等式 $\max\left\{\sum_{e\in p}b_e \mid f'_p>f_p\right\}\leqslant\min\left\{\sum_{e\in p}b_e \mid f'_p>f_p\right\}$ 成立。

证明：因为 f' 和 f 分别是 $(G,\mu m,l)$ 的乐观预期流和用户均衡流，如果在路径 p_i 上的流满足关系式 $f'_{p_i}>f_{p_i}$，由路阻函数的非递减性可知，$l_{p_i}(f')\geqslant l_{p_i}(f)$ 成立。同样，如果在路径 p_j 上的流满足关系式 $f'_{p_j}>f_{p_j}$，由路阻函数的非递减性可知，$l_{p_j}(f')\geqslant l_{p_j}(f)$ 成立，由推论 4-4 可知零流费用满足关系式 $\sum_{e\in p_i}b_e\geqslant\sum_{e\in p_j}b_e$，对不等式左边取最大值，右边取最小值，可得结论。

推论得证。

定理 4-6： 假设 f 和 f' 分别是 $(G,\mu m,l)$ 的用户均衡流和乐观预期流，且路阻函数是系数非负的线性函数，则 $C(f)\leqslant C(f')$。

证明：因为 $\sum_{e\in E}(a_ef'_e+b_e)f_e-\sum_{e\in E}(a_ef'_e+b_e)f'_e=\sum_{e\in E}(a_ef'_e+b_e)(f_e-f'_e)$，

由乐观预期流的定义，可得

$$
\begin{aligned}
&\sum_{e\in E}(a_ef'_e+b_e)(f_e-f'_e)\\
&=\sum_{e\in E}(a_ef^*_e+b_e)(f_e-f'_e)+(\mu-1)\sum_{e\in E}a_e(f_e-f'_e)f^*_e\\
&=\sum_{e\in E}L_m(f_e-f'_e)+(\mu-1)\sum_{e\in E}a_e(f_e-f'_e)f^*_e\\
&=(\mu-1)\sum_{e\in E}a_e(f_e-f'_e)f^*_e
\end{aligned}
\tag{4-34}
$$

根据式（4-34），得

$$\begin{aligned}&\sum_{e\in E}(a_ef_e+b_e)f_e'-\sum_{e\in E}(a_ef_e'+b_e)f_e'+\sum_{e\in E}(a_ef_e'+b_e)f_e'-\sum_{e\in E}(a_ef_e'+b_e)f_e\\&=\mu\sum_{e\in E}a_e(f_e-f_e')f_e^*-(\mu-1)\sum_{e\in E}a_e(f_e-f_e')f_e^*\\&=\sum_{e\in E}a_e(f_e-f_e')f_e^*=\sum_{e\in E}b_e(f_e'-f_e)\end{aligned}\tag{4-35}$$

由式（4-35），可得

$$\sum_{e\in E}a_e(f_e-f_e')f_e^*=\sum_{e\in E}b_e(f_e'-f_e)=\sum_{p\in P}b_p(f_p'-f_p)\tag{4-36}$$

记 $b=\max\limits_{f_p\geqslant f_p'}(b_p)=\max\limits_{f_p\geqslant f_p'}\left(\sum\limits_{e\in E}b_e\right)$，由推论 4-4 得

$$\begin{aligned}&\sum_{p\in P}b_p(f_p'-f_p)\\&=\sum_{f_p<f_p'}b_p(f_p'-f_p)+\sum_{f_p\geqslant f_p'}b_p(f_p'-f_p)\\&\geqslant\min_{f_p<f_p'}(b_p)\sum_{f_p<f_p'}(f_e'-f_e)+\max_{f_p\geqslant f_p'}(b_p)\sum_{f_p\geqslant f_p'}(f_e'-f_e)\\&=\min_{f_p<f_p'}\left(\sum_{e\in p}b_e\right)\sum_{f_p<f_p'}(f_e'-f_e)+\max_{f_p\geqslant f_p'}\left(\sum_{e\in p}b_e\right)\sum_{f_p\geqslant f_p'}(f_e'-f_e)\\&\geqslant\max_{f_p\geqslant f_p'}\left(\sum_{e\in p}b_e\right)\sum_{e\in E}(f_e'-f_e)\\&=0\end{aligned}\tag{4-37}$$

由旅行费用计算方法知，总费用之间的关系为

$$\begin{aligned}C(f)-C(f')&=\sum_{e\in E}(a_ef_e+b_e)f_e-\sum_{e\in E}(a_ef_e'+b_e)f_e'\\&=\sum_{e\in E}(a_ef_e+b_e)f_e'-\sum_{e\in E}(a_ef_e'+b_e)f_e'\\&=\mu\sum_{e\in E}a_e(f_e-f_e')f_e^*\geqslant 0\end{aligned}\tag{4-38}$$

所以，$C(f)\leqslant C(f')$。

定理得证。

定理 4-6 表明，在缺乏交通流量信息的情况下，由于用户都乐观预期交通流量，会选择较少数量的路径出行，即用户选择了更少的路径分配同样多的流量，反而使交通状况变得更糟。同时，定理 4-6 的结果也表明，乐观预期流的费用不小于用户均衡流的费用。

图 4-3 所给算例表明，当不同路径上零流费用相等（都是 b）时，$C(f)\leqslant C(f')$ 中等号成立。

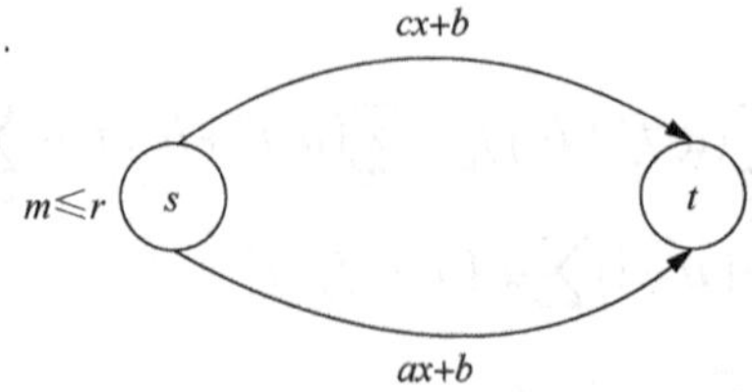

图 4-3　乐观预期流与用户均衡流相同的交通网络

由图 4-3 可知，如果路阻函数的零流费用相等，则乐观预期流和用户均衡流相同，表明下界是紧界。

图 4-4 为用户均衡流优于乐观预期流的交通网络。乐观预期流和用户均衡流分别是 $f'=\{3/2,3/2\}$ 和 $f=\{5/3,4/3\}$，这两种流的总费用及其关系为 $C(f')=33/4>8=C(f)$，表明用户均衡流优于乐观预期流。

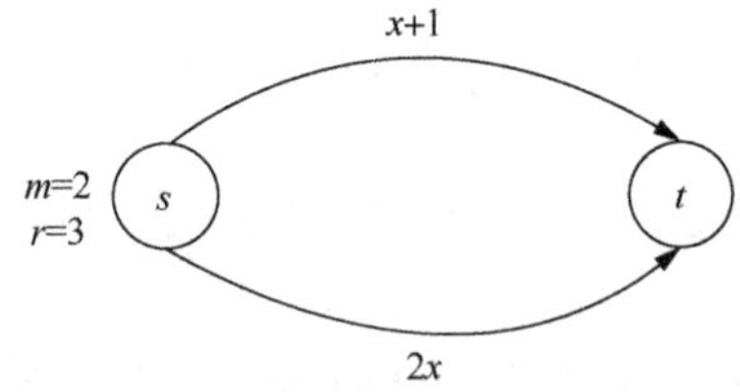

图 4-4　用户均衡流优于乐观预期流的交通网络

由乐观预期流和用户均衡流之间的费用关系可知，当用户乐观预期交通流量时，交通流量的分配效率不优于交通流量已知时交通流量的分配效率。存在与用户均衡流分配效率相同的情形，也存在比用户均衡流分配效率差的情形。

在方格交通网络上，由于同一点对之间不同路径上的零流费用相同。当路阻函数是系数非负的线性函数 $l(x)=ax+b$，且 $a,b\geqslant 0$ 时，在同一点对之间不同路径 p_i 和 p_j 上的零流费用 $\sum\limits_{e\in p_i} b_e$ 和 $\sum\limits_{e\in p_j} b_e$ 相同。根据引理 4-4 和引理 4-7 可知，无论是用户悲观预期交通流量还是乐观预期交通流量，在不同路径上用户实际花费的费用都相同，即达到了均衡状态。这意味着在路阻函数是系数非负的线性函数的方格网络上，用户预期交通流量时，形成的是用户均衡流。

4.3　一般网络上路段权重不确定时在线选择路径研究

在交通运输中，当用户从出发地到目的地时，会选择费用最小的路径。事实上，路段上的权重（旅行时间）不是固定不变的，而是随着路段上车辆数的增加而增加，即路段上的旅行时间是路段上流量的非递减函数。对于用户，由于其缺乏信息和获取实时信息的相应工具，无法预知将要行驶路段上的旅行时间，就不得不做出决策来选择路径。针对该问题，Montemanni 等[5]研究了路段上的权重存在不确定和不精确因素时最短路选择问题，提出了鲁棒最短路的概念，并给出了衡量鲁棒性能的方法，以及具有区间数的计算鲁棒最短路的算法，该算法在某些交通网络上可以大大提高计算速度。同时，他还运用分支定界算法求解带区间数的鲁棒最短路问题，研究了 Benders 分解方法对带有区间数的鲁棒最短路问题的应用，计算结果表明了算法的有效性，在很多交通网络上的效果尤为明显[5,6]。Dias 等[7]研究了具有部分路段信息的最短路径选择该问题。以上文献主要是研究带有区间数的最短路问题，设计算法计算鲁棒最短路，对于路段权重无法预知的情形，从在线与竞争分析的角度考虑也是重要的研究思路。徐寅峰等[8]研究了针对旅行者在行走过程中，遇到某一或一系列无法预知的堵塞事件的可恢复加拿大旅行者问题，考虑堵塞只发生在一条特殊路径上且堵塞可恢复的情形，即旅行时间无法预知的情形，并提出了以一定概率分布对等待与迂回策略进行选择的混合策略，且讨论了无偏好和有偏好混合策略及相应策略下的竞争性能比。闫化海等[9]讨论了因各种突发事件（如交通事故、自然灾害等）造成道路中断的现象，车辆只有行进到中断处才能获得道路中断信息，即不完全信息（道路中断信息）下的交通网络最短路径关键边问题。首先定义了不完全信息下最短路径关键边的概念，其次给出了求解不完全信息下最短路径关键边的有效算法和其时间复杂性。苏兵等[10]针对不可恢复道路堵塞的路径选择问题，分析了堵塞发生的不同起始时间对通过被堵塞边的费用（时间）产生的影响。

4.3.1　路段权重不确定问题描述及模型构建

给定有向交通网络 $G(V,E)$，V 和 E 分别是节点集和路段集，如果连接路段 $e\in E$ 的两个节点是 a 和 b 且由 a 指向 b，则 a 为该路段的前向节点，b 为其后向节点；路段 $e\in E$ 上的权重是其上流量的非递减函数。用户从起点到目的地时，如果每个路段上的权重已知，这时只要找一条从起点到目的地权重最小的路径，则沿该路径行驶，用户所花费用最小，权重已知时的最短路问题就是离线问题。如果用户不知道路段权重，只有行驶到路段的前向节点才知道路段权重，就必须做出决策选择出行路径，这就是相应的在线问题。如果从统计和概率的角度考虑，很难给出确定的出行路径。在线策略与竞争分析为解决这类问题提供了新思路。竞争分析是指在路段权重无法预知的情形下，为用户提供选择路径的策略，使在线费用与对应离线最优费用的差值总在一定的范围内[11]。设在线选择路径策略 A 的费用为 C_{on}，对应的离线最优策略 OPT 的费用为 C_{opt}，若存在常数 $c\geqslant 1$，使得在任意路段权重序列 ω 下总满足 $C_{\text{on}}(\omega)\leqslant cC_{\text{opt}}(\omega)$，则称策略 A 是 c 竞争的[12]，c 越小表明在线策略越有竞争性。为了便于描述和建模方便，特给出符号说明、基本假设和相关定义。

1. 符号说明

ω_e：路段 e 上的实际权重；

T_e：路段 e 上的最大权重；

P_{sd}：从出发地 s 到目的地 d 之间所有路径的集合；

p/e：去掉路段 $e\in p$ 后路径 p 的剩余部分；

根据上述定义可知，对于任意路径 $p\in P_{sd}$，其权重可表示为 $\omega_p=\sum_{e\in p}\omega_e$。本小节的权重是指路段上的旅行时间。

2. 基本假设

假设 4-3： 每个路段上的最大权重 T_e 不变且已知。

假设 4-4： 用户行走到某个节点处时，以该节点为前向节点的路段权重都可以获知。

假设 4-5： 存在常数 $\alpha\in[0,1]$，使得对任意路段 e 满足 $\omega_e\geqslant\alpha T_e$。

3. 相关定义

定义 4-1： 如果一个路径的最大权重向量是 $T=\{T_1,T_2,\cdots,T_k\}$，而实际权重向量是 $\omega=\{\omega_1,\omega_2,\cdots,\omega_k\}$，则 $r=\sum_{i=1}^{k}\omega_i\bigg/\sum_{i=1}^{k}T_i$ 为该路径的拥堵度，显然 $0\leqslant r\leqslant 1$。

定义 4-2： 已知路径 p_1、p_2 的拥堵度分别是 r_1、r_2，如果 $r_1\leqslant r_2$，则称路径 p_1 优于路径 p_2。

定义 4-3： $T_{kd}=\min\left\{\sum_{e\in p}T_e\mid p\in P_{kd}\right\}$，其中 $k\in E$，d 是目的地。

4.3.2 在线策略设计及竞争分析

研究在线问题之前，先要了解相应的离线问题。事实上，离线问题是在已知每个路段 e 权重 ω_e 的情形下，找一条路径 $p^*\in P_{sd}$，使其权重最小，即

$$\omega_{p^*}=\min\{\omega_p\mid p\in P_{sd}\}\tag{4-39}$$

路径 p^* 是权重最小的路径。离线问题的求解已相当成熟，如采用 Dijkstra 算法可很容易找到权重最小的路径。

在线问题是用户想从出发地 s 去目的地 d，出发地到目的地之间，每个路段上都有车辆行驶，由于缺乏交通信息，路段上车辆的数量无法预知。用户如何根据有限的信息选择行驶路径，使到达目的地时花费时间尽可能少是本小节主要的研究内容。

1. 在线策略设计

用户从出发地到目的地时，所有路段上的最大权重预先都知道，用户可以利用该信息，采用下面的策略选择出行路径。

策略 1：最大权重最小策略。计算 T_{sd}，使得 $T_{sd}=\min\left\{\sum_{e\in p}T_e \mid p\in P_{sd}\right\}$，令 $p^*=\arg\min\left\{\sum_{e\in p}T_e \mid p\in P_{sd}\right\}$，用户的策略是沿着路径 p^* 行驶到目的地。

策略 1 选择路径的方法并没有充分利用在交通网络节点处所获得的信息，仅凭路段上的最大权重选择路径，有一定的缺陷。下面给出的策略根据在每个节点处获得的信息，逐步选择出行路径。

策略 2：贪婪策略。假设用户已经走到节点 $k\in A$ 处，从该节点选择路段到目的地 d 处，如果以 k 点为前向节点的路段 e^* 满足如下条件，则选择路段 e^* 出行，即

$$\omega_{e^*}+\sum_{e\in p/e^*}T_e=\min\left\{\omega_e+\sum_{e\in p/e}T_e \mid p\in P_{kd}\right\} \tag{4-40}$$

该策略不但考虑了当前路段上的实时信息，还考虑到路段的最坏情形而选择路径。

2. 竞争分析

定理 4-7：最大权重最小策略的竞争比是 $1/\alpha$。

证明：根据策略 1 可知，用户是沿着路径 p^* 行驶到目的地，则用户花费的费用最多是 T_{sd}，即 $\sum_{e\in p^*}\omega_e\leqslant T_{sd}$。根据假设 4-5 可知，在离线情形下，最优路径上的权重 $C_{\text{opt}}(\omega)\geqslant\alpha T_{sd}$。假设对应的最优路径是 p'，因此

$$\frac{C_{\text{on}}(\omega)}{C_{\text{opt}}(\omega)}=\frac{\sum_{e\in p^*}\omega_e}{\sum_{e\in p'}\omega_e}\leqslant\frac{T_{sd}}{\alpha T_{sd}}=\frac{1}{\alpha} \tag{4-41}$$

定理得证。

接下来，重点研究贪婪策略的竞争性能。

引理 4-8： 若贪婪策略选择的第一个路段是 e^*，则 $\omega_{e^*} + \sum_{e \in p/e^*} T_e \leqslant T_{sd}$，其中 $T_{sd} = \min\left\{\sum_{e \in p} T_e \mid p \in P_{sd}\right\}$，$p^* = \arg\min\left\{\sum_{e \in p} T_e \mid p \in P_{sd}\right\}$。

证明：用反证法。假设 $\omega_{e^*} + \sum_{e \in p/e^*} T_e > T_{sd}$，则 $e^* \notin p^*$。根据 T_{sd} 的定义和贪婪策略可知，用户肯定不会选择路段 e^* 出行，与假设矛盾，则路段 $e^* \in p^*$。

引理得证。

引理 4-9： 若贪婪策略选择的路径是 p^*，$\{s,1,2,\cdots,k,d\}$ 是路径 p^* 上的节点，假设用户已经行驶到第 $(i-1)$ 个节点处，此时选择的路段是 $e_{i-1,i}$ 且 $\omega_{e_{i-1,i}} + \sum_{e \in p/e_{i-1,i}} T_e = \min\left\{\omega_{e_{i-1,j}} + \sum_{e \in p} T_e \mid p \in P_{j,d}\right\}$，则 $\sum_{e \in p^*} T_e = \min\left\{\sum_{e \in p} T_e \mid p \in P_{j,d}\right\}$。

证明：采用反证法。假设 $\sum_{e \in p^*} T_e > \min\left\{\sum_{e \in p} T_e \mid p \in P_{j,d}\right\} = \sum_{e \in p'} T_e$，因此 $\omega_{e_{i-1,i}} + \sum_{e \in p^*} T_e > \omega_{e_{i-1,i}} + \sum_{e \in p'} T_e$。根据贪婪策略可知，此时选择的路径应该是 p' 而不是 p^*，与题目中的假设条件矛盾，故结论成立。

引理得证。

引理 4-10： 若贪婪策略选择的路径是 p^*，$\{s,1,2,\cdots,k,d\}$ 是路径 p^* 的节点，则 $\omega_{p^*} \leqslant T_{sd} + \sum_{e \in E^*} (\omega_e - T_e)$，其中 $E^* = \{\, e$ 是 T_{id} 对应路径上与节点 i 相连的路段，$i = s,1,\cdots,k\,\}$。

证明：根据引理 4-8 和引理 4-9 可知，$\omega_{e_{kd}} \leqslant T_{kd}$，

$$\omega_{e_{i,i+1}} + T_{i+1,d} \leqslant T_{i,d} + \left(\omega_{e_{i,i+1}} - T_{i,i+1}\right), i = 1,2,\cdots,k-1 \tag{4-42}$$

$$\omega_{e_{s1}} + T_{1d} \leqslant T_{sd} + \left(\omega_{e_{s1}} - T_{s1}\right) \tag{4-43}$$

将不等式（4-42）和不等式（4-43）相加，可得

$$\omega_{p^*} \leqslant T_{sd} + \sum_{e \in E^*} \left(\omega_e - T_e\right) \tag{4-44}$$

引理得证。

定理 4-8： 贪婪策略的竞争比是 $1/\alpha$。

证明：若贪婪策略选择的路径是 p^*，根据引理 4-10 可知，在路径 p^* 上满足 $\sum_{e \in p^*} \omega_e \leqslant T_{sd} + \sum_{e \in E^*} \left(\omega_e - T_e\right)$，结合假设 4-5 可得

$$\frac{C_{\text{on}}(\omega)}{C_{\text{opt}}(\omega)}=\frac{\sum\limits_{e\in p^*}\omega_e}{\sum\limits_{e\in p'}\omega_e}\leqslant\frac{T_{sd}+\sum\limits_{e\in E^*}(\omega_e-T_e)}{\alpha T_{sd}}=\frac{1}{\alpha}+\frac{\sum\limits_{e\in E^*}(\omega_e-T_e)}{\alpha T_{sd}}\leqslant\frac{1}{\alpha}\qquad(4\text{-}45)$$

定理得证。

3. 策略最优性证明

假设用户在图 4-5 所示的交通网络上出行，可以证明最大权重最小策略和贪婪策略都是最优策略，其竞争比都为$1/\alpha$。

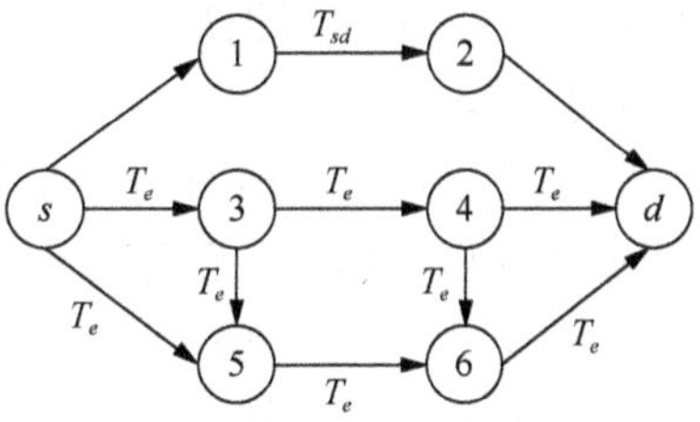

图 4-5　竞争比为$1/\alpha$的交通网络

根据图 4-5 的交通网络，对于任意的在线策略，如果用户选择路径$s\to1\to2\to d$行驶，离线对手会使路段权重为$(T_{s1}+T_{12}+T_{2d})$，而最优路径权重为αT_{sd}。如果选择的不是这条路径，则离线对手会使所选路径权重达到最大，即路径$s\to1\to2\to d$的权重是$\alpha(T_{s1}+T_{12}+T_{2d})$。对于这两种情形，有

$$\frac{C_{\text{on}}(\omega)}{C_{\text{opt}}(\omega)}\geqslant\frac{T_{sd}}{\alpha T_{sd}}=\frac{1}{\alpha}\qquad(4\text{-}46)$$

因此，可以证明最大权重最小策略和贪婪策略都是最优策略。

策略比较：策略 1 和策略 2 有相同的竞争比，且都是最优策略。策略 1 给出的路径非常具体，离线对手完全掌握用户的信息。因此，离线对手会在用户行走的每个路段上给出最大权重，则该路径上的拥堵度是 1。策略 2 选择路径利用了更多的实时信息，所选路径的拥堵度可以小于 1，即策略 2 所选路径优于策略 1 所选路径。从该意义上来说，策略 2 优于策略 1。

4.3.3　基于在线策略的算例分析

图 4-6 为贪婪策略优于最大权重最小策略的网络。图 4-6 中，括号里第一个数表示路段实际权重，第二个数表示路段最大权重。用户沿着交通网络所示的方向从s点到达d点。

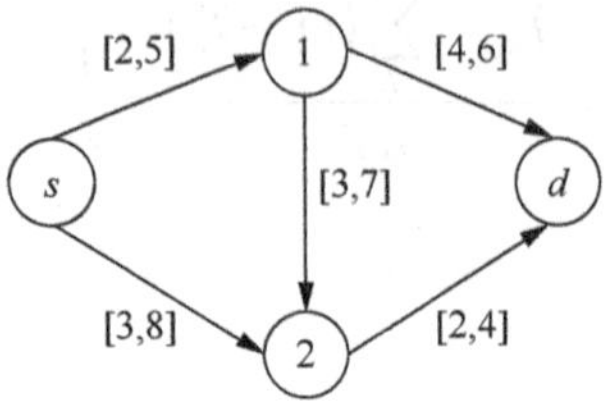

图 4-6　贪婪策略优于最大权重最小策略的交通网络

根据贪婪策略，在 s 点计算 $\min\{2+6,2+7+4,3+4\}=7$，用户选择路径 $s\to 2$，到达节点 2 后只能选择 $2\to d$ 路段到达目的地，此时所选的路径是 $s\to 2\to d$，该路径权重为 $3+2=5$。如果根据最大权重最小策略选择路径，则出行路径是 $s\to 1\to d$，其权重是 $2+4=6$。

本章与以往研究的不同之处在于，假设所有用户并不知道时点确切的交通流量，只能根据预期的交通流量选择出行路径。首先讨论了两种极端的情形：悲观预期交通流量和乐观预期交通流量。当用户悲观预期交通流量时，悲观预期流总费用与交通流量已知时用户均衡流总费用比值的下界是 τ^d、上界是 1，其中 $\tau=r/M\leqslant 1$。该结论说明悲观预期流不比交通流量已知时用户均衡流差，产生这样的结果是由于用户悲观预期交通流量，从而选择更多的路径分配流量，同样的交通流量分配到更多的路径上，缓解了交通压力，节省了费用。当用户乐观预期交通流量时，乐观预期流总费用与交通流量已知时用户均衡流总费用比值的下界是 1、上界是 μ^d，其中 $\mu=r/m\geqslant 1$，该结论说明乐观预期流不会优于交通流量已知时的用户均衡流，原因是用户乐观预期交通流量，从而选择更少的路径分配交通流量，同样的交通流量分配到更少的路径上，增加了交通压力，产生了更多的旅行费用。其次讨论了路段实际权重无法提前获知的情形，从在线与竞争策略的角度出发设计策略选择出行路径，给出了最大权重最小策略和贪婪策略及其竞争比，并证明它们是最优策略。

参 考 文 献

[1] 武小平，方静，谢逢洁. 不完全信息下路径选择策略设计及分析[J].西安邮电学院学报，2012, 17(3): 117-120.

[2] 武小平，徐寅峰，郑斐峰. 不完全信息下城市交通流量分配研究[J].运筹与管理，2010, 19(4): 116-120.

[3] 武小平，徐寅峰，郑斐峰. 路段权重不确定时占线选择路径[J].系统工程，2009, 27(5): 117-120.

[4] ROUGHGARDEN T, TARDOS E. How bad is selfish routing?[J]. Journal of the ACM, 2002, 49(2): 236-259.

[5] MONTEMANNI R, GAMBARDELLA L M. An exact algorithm for the robust shortest path problem with interval data[J]. Computers and Operations Research, 2004, 31: 1667-1680.

[6] MONTEMANNI R, GAMBARDELLA L M. The robust shortest path problem with interval data via Benders decomposition[J]. A Quarterly Journal of Operations Research, 2005, 3(4): 315-328.

[7] DIAS L C, CLIMACO N. Shortest path problems with partial information: Models and algorithms for detecting dominance[J]. European Journal of Operational Research, 2000, 121(1): 16-31.

[8] 徐寅峰, 马丽娟, 苏兵, 等. 一条路上的占线可恢复加拿大旅行者问题混合策略[J]. 系统工程理论方法应用, 2005, 14(4): 318-321, 325.

[9] 闫化海, 徐寅峰. 不完全信息下交通网络最短路径关键边问题[J]. 系统工程, 2006, 24(2): 37-40.

[10] 苏兵, 徐渝. 不可恢复道路堵塞路径选择问题及其算法[J]. 运筹与管理, 2005, 14(3): 1-4.

[11] MANASSE M, MCGEOCH L, SLEATOR D. Competitive algorithms for server problems[J]. Journal of Algorithms, 1990, 11(2): 208-230.

[12] DAVID S, BORODIN A. A new measure for the study of on-line algorithms[J]. Algorithmica, 1994, 11: 73-91.

第 5 章　时段内交通流量分批次到达且未来批次未知时的分配效率

从个体利益出发，用户总是希望选择出行费用最小的路径。从系统利益出发，系统所花费用越小越好。只考虑系统费用则会牺牲部分用户的利益，只考虑用户的利益，同样也会增加系统费用。对于用户而言，他们常常只站在自己的立场上考虑问题，不管其他用户如何选择路径，总是追求自己的出行费用最小。因此，用户选择路径的动机和系统要求之间存在着不可调和的矛盾。由已有研究可知，在静态交通流量分配中，用户选择路径的特性会产生很高的系统费用，而实际交通中往往也表现出动态的交通特性。因此，怎样分配交通流量及其分配效率是本章的研究重点。

第 3、4 章对于时点交通流量已知和未知时交通流量分配效率的研究，属于静态交通流量分配范畴。时点交通流量已知是指交通流量不随时间变化而变化。事实上，出发地的交通流量会随时间变化而变化，从而使得交通网络上的流量具有动态特性，正因为如此，时段内的交通需求分析模型能够更广泛、更确切地描述交通网络上的各种交通现象。交通动态性能的复杂性和人类交通行为建模的困难性，使得时段内交通流量分配成为动态交通网络分析、动态交通需求分析的一个重要组成部分，也成为交通科学中最具挑战性的研究领域之一。在交通过程中，交通流量随时点变化而不断变化，由于缺乏交通信息或获取信息工具的有限性，用户无法预知未来时点交通流量就必须选择出行路径，且用户一旦选择路径就不能改变，直接出发去目的地。

如果在某个时段，序列 $r=\{r_1,r_2,\cdots,r_n\}$ 中每个时点的交通流量都已知，统筹规划就可以给出该时段总费用最小的分配策略。如果不能预先知道序列 $r=\{r_1,r_2,\cdots,r_n\}$ 中每个时点的交通流量，在每个时点，当交通需求到来时，用户必须根据当前的交通状况和交通流量，做出决策选择出行路径。上述交通流量分配问题具备在线问题的两大特征，其一，输入序列具有序贯性；其二，输入序列存在不确定性。在线问题的解决方法是设计在线策略和对策略进行竞争分析。设计分配策略并分析该策略下的交通流量分配效率，可为研究时段内交通流量分配提供新思路。该方法是在交通流量无法预知的情况下，为用户提供选择路径的策略，使得在某个策略下的系统总费用与对应系统最优费用的差值总在一定的范围内。设某个交通流量分配策略 A 的费用为C_A，对应的系统最优策略OPT 的费用为C_{opt}，若存在常数$m \geqslant 1$，使得在任意交通需求序列r下，总满足$C_A(r) \leqslant mC_{opt}(r)$，则称策略 A 下的交通流量分配效率是$m$，$m$越小表明分配策略越好[1]。通常用竞争比衡量在线策略，本章所提及的交通流量分配效率和竞争比的意义完全相同。因此，可用交通流量分配效率衡量分配策略[2-4]。图 5-1 描述了某个时段内在线交通流量分配问题。

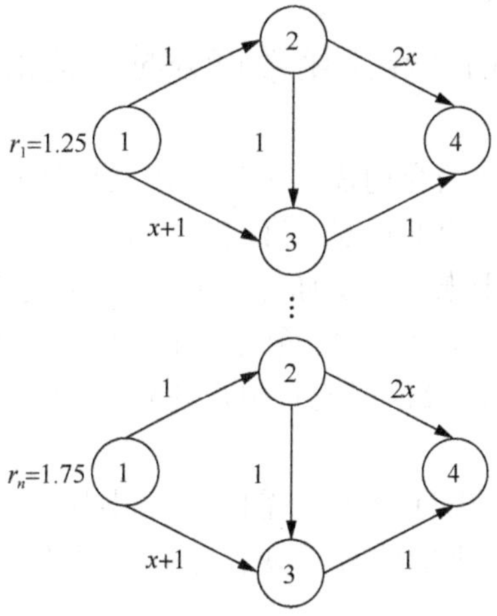

图 5-1 某个时段内在线交通流量分配示意图

在初始时点，节点 1 处有 1.25 单位的交通流量到节点 4，而节点 1 处的用户不知道下一个时点有多少单位的交通流量，也不知道要从哪个节点出发到哪个节点，但第 1 时点的用户此时不得不做出决策选择出行路径，且用户选好路径后，就不能改变。接着第$2,3,\cdots,n-1$时点的交通流量也到达出发点，直到第n时点 1.75 单位的交通流量分配到网络上，该时段内的交通流量分配结束，如图 5-1 所示。可以看到，每一批次的分配过程中，用户做出决策时并不知道后面还有多少单位的交通流量到达，就要做出决策选择出行路径。这样的问题就是在线交通流量分配问题，实际的交通流量分配就是在线的情形。

如果每个时点的交通流量和每个时点的起讫点都已知，即离线交通流量分配问题，离线问题是一种理想的情形。当路阻函数是系数非负、非递减的函数时，事实上，离线问题的求解实质是求解一个凸规划。

离线交通流量分配问题如图 5-2 所示。每个时点交通流量和起讫点都已知，如第 1 时点在节点 1 处有 1.25 单位的交通流量到节点 4，第n个时点在节点 2 处有 1.75 单位的交通流量到节点 4，每个时点的交通流量和起讫点都可提前知道。

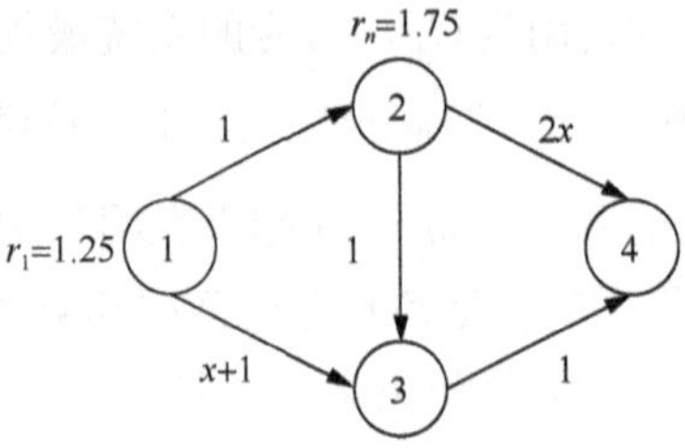

图 5-2　离线交通流量分配示意图

5.1　路阻函数可分时的情形

某个时段内，有 n 批次的交通需求依次从出发地选择路径到目的地，第 i 批次的交通流量是 r_i，由于缺乏交通信息，第 i 批次的交通需求到达时用户只知道交通流量 $r_1,r_2,\cdots,r_{i-1},r_i$，而对于未来的交通流量 $r_{i+1},r_{i+2},\cdots,r_n$ 无法预知，此时，该时点用户必须做出决策，即将 r_i 单位的交通流量分配到网络上。当路阻函数可分时，设计分配策略，分配交通流量使得所有用户花费的费用总和尽可能小是本节的主要研究内容。

用户改变已经选择的出行路径，需付出额外费用，如果该费用很大，则用户最好的策略还是坚持原来的路径不变。根据上述分析，为研究方便，特给出如下假设。

假设 5-1：任何时点、任何点对之间的用户都听从某个核心部门的安排。

假设 5-2：用户一旦被分配到交通网络上，就不能改变出行路径。

实际交通中，由于管理得当或交通网络结构比较好，用户出行时，不同路段之间的用户相互没有影响，用户花费的费用只与自己行驶路径的流量有关，而与其他路段的流量无关，只需要知道某个路段上的流量，便可以确定该路段的费用，即路段上路阻函数是该路段上流量的一元函数。如果路阻函数是流量的一元函数，称为路阻函数可分。图 5-3 中的路阻函数 $2x$、$x+1$ 是可分的。可分是指路段上的费用可以单独计算，不会受其他路段流量的影响。路阻函数可分时，研究时段内某个时点交通流量分配的策略设计和交通流量的分配效率是本节的重点内容。

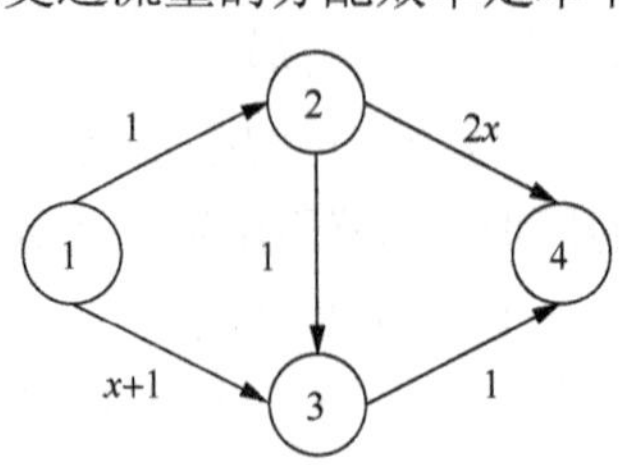

图 5-3　路阻函数可分的交通网络

5.1.1　路阻函数可分问题模型构建

给定有向交通网络 $G=(V,E)$，V 表示网络的节点集合，E 表示路段 e 的集合。$l_e(x)$ 表示流量为 x 时通过路段 e 的费用，是该路段上关于流量 x 的非负、非递减凸函数；当交通流量序列 $r_1,r_2,\cdots,r_i,\cdots,r_n$ 依次通过该网络时，第 i 批次分配使用节点集合 $\kappa_i=\{i1,i2,\cdots,in_i\}$，其中 $r_i=\{r_{i1},r_{i2},\cdots,r_{in_i}\}$； P_{ij} 表示起点 s_{ij} 到讫点 t_{ij} 之间所有路径的集合，$f_p^{ij}\geqslant 0$ 是路径 $p\in P_{ij}$ 上的流量；可行流 x 是对于所有点 $v\in V$，能使 $\sum\limits_{e\in\delta^+(v)}x_e^{ij}-\sum\limits_{e\in\delta^-(v)}x_e^{ij}=\gamma_{ij}(v)$ 成立的流，其中 $\delta^+(v)$、$\delta^-(v)$ 分别表示从节点 v 流出、流入流量的路段集合，如果 $v=s_{ij}$，则 $\gamma_{ij}(v)=r_{ij}$，若 $v=t_{ij}$，则 $\gamma_{ij}(v)=-r_{ij}$；第 i 批次通过第 j 个节点分配到路段 $e\in E$ 上的流量为 $f_e^{ij}=\sum\limits_{e\in p}f_p^{ij}$，第 i 批次分配在路段 e 上的累计流量为 $f_e^i=\sum\limits_{ij\in\kappa_i}f_e^{ij}$；路段 e 上，n 批次分配的总流量为 $f_e=\sum_{i=1}^n f_e^i$，网络上花费的总费用为 $C(f)=\sum\limits_{e\in E}l_e(f_e)f_e=\sum\limits_{e\in E}l_e\left(\sum_{i=1}^n f_e^i\right)\left(\sum_{i=1}^n f_e^i\right)$。

5.1.2　贪婪策略及分配效率

用户总是追求费用最小的路径，而不考虑其他用户如何选择路径，从而导致交通状况很差。如果用户受到某个核心部门的控制，按照其要求选择出行路径，就可以降低系统总费用。贪婪策略是指在每个时点，所有用户都听从某个核心部门的安排，分配交通流量使得当前所有用户花费的费用总和最小。如果交通需求分批次到来，贪婪策略分配流量的效率则是本小节的主要研究内容。这也是相关交通部门关注的重要问题，下面重点研究在时段内利用贪婪策略分配交通流量时的交通状况，贪婪策略的核心思想如下。

贪婪策略：对实时到达的交通流量，在每个时点都按贪婪策略分配流量，即每批次的交通流量分配结束后，当前情况下交通网络上所有用户所花费用总和最小，且用户一旦分配到交通网络上，就不能改变出行路径。

利用贪婪策略分配流量时，第 k 批次分配相当于求解最优化问题（5-1）：

$$\min C^k\left(f^k\right) \tag{5-1a}$$

$$\text{s.t.}\sum_{e\in\delta^+(v)}f_e^{ij}-\sum_{e\in\delta^-(v)}f_e^{ij}=\gamma_{ij}(v)\qquad \forall v\in V \tag{5-1b}$$

$$f_e^k\geqslant 0\qquad \forall e\in E \tag{5-1c}$$

其中，$C^k\left(f^k\right)=\sum\limits_{e\in E}l_e\left(\sum_{i=1}^k f_e^i\right)\left(\sum_{i=1}^k f_e^i\right)$，可以看到式（5-1b）是流量的线性函数。

如果路阻函数是凸函数，该问题就是凸规划，可以在多项式时间内求解。

根据文献[5]可知，求解规划问题（5-2）也可以得到贪婪策略所对应的流量：

$$\min \sum_{e\in E}\int_0^{f_e^i}\left[l_e\left(\sum_{k=1}^{i-1} f_e^k+z\right)+\left(\sum_{k=1}^{i-1} f_e^k+z\right)l_e'\left(\sum_{k=1}^{i-1} f_e^k+z\right)\right]\mathrm{d}z \tag{5-2a}$$

$$\text{s.t.} \sum_{e\in\delta^+(v)} f_e^{ij}-\sum_{e\in\delta^-(v)} f_e^{ij}=\gamma_{ij}(v) \qquad \forall v\in V \tag{5-2b}$$

$$f_e^k \geqslant 0 \qquad \forall e\in E \tag{5-2c}$$

由规划问题（5-2）可知，当采用贪婪策略分配交通流量时，每批次分配结束后所对应的交通状况在边际费用的意义上处于用户均衡。

衡量一个策略的重要指标是该策略的交通流量分配效率，其值越小，分配策略就越好。交通流量分配效率越小，说明该分配策略下系统实际花费的费用和系统最优费用越接近，策略的性能也就越好。下面重点研究贪婪策略下的交通流量分配效率。由于路段上的旅行费用随流量的增加而增加，因此，一般假设路段上的路阻函数是系数非负、非递减的函数。首先，研究路阻函数是系数非负、非递减凸函数时贪婪策略下的交通流量分配效率；其次，研究路阻函数分别是系数非负的线性函数和系数非负的多项式函数时贪婪策略的交通流量分配效率。

为了便于进行交通流量分配效率分析，特给出以下符号和定义。

定义 5-1：对路段 $e\in E$ 和该路段上的路阻函数 $l_e(x)$，令

$$v_e^n(l_e,f_e)=l_e(f_e)f_e-\sum_{i=1}^n l_e\left(\sum_{k=1}^i f_e^k\right)f_e^i-\sum_{i=1}^n\left(\sum_{k=1}^i f_e^k\right)l_e'\left(\sum_{k=1}^i f_e^k\right)f_e^i \tag{5-3}$$

$$\omega(l_e;n,\lambda)=\sup_{x_e,f_e>0}\frac{(d+1)\left[l_e(f_e)-\lambda l_e(x_e)\right]x_e+v_e^n(l_e,f_e)}{l_e(f_e)f_e} \tag{5-4}$$

其中，x_e, f_e 是非负向量；f_e^i 是路段 e 上第 i 批次分配的流量；n 是交通需求批次数；实数 $\lambda>0$；d 是自然数。令 $\omega(L;n,\lambda)=\sup\limits_{l_e\in L}\omega(l_e;n,\lambda)$，$L$ 是系数非负、非递减的凸函数组成的集合。

定义 5-2：参数 λ 的可行集 $\Gamma(L,n)=\{\lambda>0 \mid 1-\omega(L;n,\lambda)>0\}$。

1. 系数非负、非递减凸路阻函数时的分配效率

先研究路阻函数是系数非负、非递减凸函数时贪婪策略下的交通流量分配效率。引理 5-1 的变分不等式是进行交通流量分配效率分析的基础。

引理 5-1：（变分不等式）假设有 n 批次连续的交通需求依次到达路网起点选择路径到目的地，如果路段上的路阻函数 l_e 是系数非负、非递减凸函数，采用贪婪策略分配交通流量时，路段上的流量满足如下变分不等式：

$$\sum_{e\in E}\left[l_e\left(\sum_{i=1}^{k}f_e^i\right)+\left(\sum_{i=1}^{k}f_e^i\right)l_e'\left(\sum_{i=1}^{k}f_e^i\right)\right]\left(f_e^k-x_e^k\right)\leqslant 0 \tag{5-5}$$

其中，f_e^k 是规划问题（5-1）的解；x_e^k 是该规划的任意一个可行解。

定理 5-1：假设有 n 批次连续的交通需求依次到达路网起点选择路径到目的地，如果交通网络上的路阻函数 l_e 是系数非负、非递减的凸函数，且对于任意实数 $x\geqslant 0$，$d\geqslant 1$ 有 $xl'(x)\leqslant dl(x)$ 成立，则贪婪策略的交通流量分配效率是

$$\inf_{\lambda\in\Gamma(L,n)}\left(\frac{(d+1)\lambda}{1-\omega(L;n,\lambda)}\right) \tag{5-6}$$

其中，L 是系数非负、非递减凸函数组成的集合。

证明：令 f 是按贪婪策略分配交通流量时产生的交通流，x 是任意一个可行流，根据引理 5-1 可得

$$C(f)\leqslant\sum_e l_e(f_e)f_e+\sum_{i=1}^{n}\sum_e\left[l_e\left(\sum_{k=1}^{i}f_e^k\right)+\left(\sum_{k=1}^{i}f_e^k\right)l_e'\left(\sum_{k=1}^{i}f_e^k\right)\right]\left(x_e^i-f_e^i\right) \tag{5-7}$$

根据定义 5-1 和定义 5-2，可得

$$\begin{aligned}C(f)&\leqslant\sum_{e\in E}\left[v_e^n(l_e,f_e)+(d+1)l_e(f_e)x_e\right]\\&\leqslant\lambda(d+1)C(x)+\sum_{e\in E}\left\{(d+1)\left[l_e(f_e)-\lambda l_e(x_e)\right]x_e+v_e^n(l_e,f_e)\right\}\\&\leqslant\lambda(d+1)C(x)+\omega(L;n,\lambda)C(f)\end{aligned} \tag{5-8}$$

只要 x 是 (G,r,l) 的可行流，式（5-8）均成立。令 x 是离线情形下的系统最优流，可得定理 5-1 的结论。

定理得证。

定理 5-1 给出了计算贪婪策略下交通流量分配效率的一般方法，如果路阻函数是系数非负、非递减函数，式（5-6）只给出了计算交通流量分配效率一个解析形式，要得到具体结果，必须针对具体的路阻函数求解。

2. 系数非负线性路阻函数时的分配效率

系数非负的多项式路阻函数是最简单也是最基本的一种，研究这类路阻函数的交通流量分配效率具有很重要的意义。在实际中，经常将一般的路阻函数近似为线性或多项式函数研究，具有很强的可操作性，下面研究路阻函数 l 是系数非负线性函数时的交通流量分配效率。

引理 5-2：假设有 $n\geqslant 2$ 批次连续的交通需求依次到达路网起点选择路径到目

的地，如果路阻函数是系数非负的线性函数$l(x)=ax+b$，采用贪婪策略分配每个时点的交通流量，则$\omega(L;n,1)$的值最大是$(n-2)/2n$。

证明：当路阻函数是系数非负的线性函数时

$$\begin{aligned}v_e^n(l_e,f_e)&=l_e(f_e)f_e-\sum\nolimits_{i=1}^n l_e\left(\sum\nolimits_{k=1}^i f_e^k\right)f_e^i\\&\quad-\sum\nolimits_{i=1}^n\left(\sum\nolimits_{k=1}^i f_e^k\right)l_e'\left(\sum\nolimits_{k=1}^i f_e^k\right)f_e^i\\&=-\frac{1}{n}a_e f_e^2\end{aligned}\tag{5-9}$$

由不等式$(f-x)x\leqslant\frac{1}{4}f^2$和柯西-施瓦茨不等式$\left(\sum\limits_{i=1}^n a_i b_i\right)^2\leqslant\sum\limits_{i=1}^n a_i^2\sum\limits_{i=1}^n b_i^2$，可得

$$\begin{aligned}\omega(l_e;n,\lambda)&=\sup_{x_e,f_e>0}\frac{(d+1)\left[l_e(f_e)-\lambda l_e(x_e)\right]x_e+v_e^n(l_e,f_e)}{l_e(f_e)f_e}\\&=\sup_{x_e,f_e>0}\frac{(d+1)\left[l_e(f_e)-l_e(x_e)\right]x_e+v_e^n(l_e,f_e)}{l_e(f_e)f_e}\\&\leqslant\sup_{x_e,f_e>0}\frac{2\times\frac{1}{4}a_e f_e^2-\frac{1}{n}a_e f_e^2}{a_e f_e^2}\\&=(n-2)/2n\end{aligned}\tag{5-10}$$

引理得证。

引理 5-2 给出了参数$\omega(L;n,1)$的上界$(n-2)/2n$，它与交通需求到达的批次数有关。当$n=1$时，便是求解某个时点处的交通流量分配，当采用贪婪策略时，交通流量分配效率是 1。

定理 5-2： 假设有n批次连续的交通需求依次到达路网起点选择路径到目的地，如果路阻函数是系数非负的线性函数$l(x)=ax+b,a,b\geqslant 0$，则贪婪策略下的交通流量分配效率上界是 4。

证明：由定理 5-1 和引理 5-2 可知

$$\begin{aligned}\frac{C(f)}{C(s)}&\leqslant\inf_{\lambda\in\Gamma(L,n)}\left(\frac{(d+1)\lambda}{1-\omega(L;n,\lambda)}\right)\\&\leqslant\frac{2\times 1}{1-\frac{n-2}{2n}}=\frac{4n}{n+2}\to 4\end{aligned}\tag{5-11}$$

定理得证。

由式（5-11）可知，当交通流量需求序列足够多时，采用贪婪策略进行交通流量分配时，用户花费的总费用不会超过离线情形下最优总费用的 4 倍。

3. 系数非负多项式路阻函数时的分配效率

本小节研究路阻函数是系数非负且度数最大是 d 的多项式函数时的交通流量分配效率，即路阻函数 $l \in L_d = \left\{a_d x^d + \cdots + a_1 x + a_0, a_s \geqslant 0, s = 0,1,\cdots,d\right\}$。

引理 5-3：假设有 n 批次连续的交通需求依次到达路网起点选择路径到目的地，如果路阻函数 $l \in M_d$，采用贪婪策略分配每个时点的交通流量，则 $\omega\left(M_d;n,\lambda\right) = \left(d+1\right)\sup\limits_{\mu>0} \mu - \lambda\mu^{d+1}$。其中 M_d 是单项式 $a_s x^s, 0 \leqslant s \leqslant d$ 组成的集合，参数 $\lambda \geqslant 1$，s,d 是正整数且 $s \in [d]$。

证明：令 f 是贪婪策略产生的交通流，x 是任意一个可行流。因为 $\sum\limits_e l_e\left(f_e\right)f_e \leqslant \left(d+1\right)\sum\limits_{k=1}^{n} l_e\left(\sum_{i=1}^{k} f_e^i\right)f^k$，结合 $v_e^n\left(l_e,f_e\right)$ 的定义，可知 $v_e^n\left(l_e,f_e\right) \leqslant 0$。所以

$$
\begin{aligned}
\omega\left(l_e;n,\lambda\right) &= \sup_{x_e,f_e>0} \frac{\left(d+1\right)\left[l_e\left(f_e\right) - \lambda l_e\left(x_e\right)\right]x_e + v_e^n\left(l_e,f_e\right)}{l_e\left(f_e\right)f_e} \\
&\leqslant \sup_{x_e,f_e>0} \frac{\left(d+1\right)\left[l_e\left(f_e\right) - \lambda l_e\left(x_e\right)\right]x_e}{l_e\left(f_e\right)f_e}
\end{aligned} \tag{5-12}
$$

令 $\mu = x_e/f_e$，可得

$$
\omega\left(l_e;n,\lambda\right) = \sup_{\mu\geqslant 0} \frac{\left(d+1\right)\left[l_e\left(f_e\right) - \lambda l_e\left(\mu f_e\right)\right]\mu f_e}{l_e\left(f_e\right)f_e} \tag{5-13}
$$

考虑路阻函数是单项式函数 $l_e\left(x\right) = a_s x^s, s \in [d]$ 的情形：

$$
\begin{aligned}
\omega\left(l_e;n,\lambda\right) &= \sup_{\mu\geqslant 0} \frac{\left(d+1\right)\left(a_s f_e^s - a_s\lambda\mu^s f_e^s\right)\mu f_e}{a_s f_e^{s+1}} \\
&= \left(d+1\right)\max_{\mu\geqslant 0} \mu - \lambda\mu^{s+1}
\end{aligned} \tag{5-14}
$$

因为 $\lambda \geqslant 1$，所以式（5-14）的最大值可以在 $\mu \leqslant 1$ 处得到。由于 $s \in [d]$，有

$$
\omega\left(l_e;n,\lambda\right) = \left(d+1\right)\max_{\mu\geqslant 0} \mu - \lambda\mu^{s+1} \leqslant \left(d+1\right)\max_{\mu\geqslant 0} \mu - \lambda\mu^{d+1} \tag{5-15}
$$

引理得证。

引理 5-4：假设有 n 批次连续的交通需求依次到达路网起点选择路径到目的地，如果路段上的路阻函数 $l \in L_d$，采用贪婪策略分配每个时点的交通流量，则 $\omega\left(l_e;n,\lambda\right)$ 的值最大是 $d/\left(d+1\right)$，其中 $\lambda = \left(d+1\right)^{d-1}$。

证明：当 $\lambda=(d+1)^{d-1}$ 时，$\omega(l_e;n,\lambda)$ 的最大值在 $\mu=1/(d+1)$ 处取得，代入式（5-15）得

$$\omega(l_e;n,\lambda)=(d+1)\left[\frac{1}{d+1}-(d+1)^{d-1}(d+1)^{-d-1}\right]=d/(d+1) \tag{5-16}$$

引理得证。

引理 5-4 给出了多项式路阻函数时，贪婪策略下参数 $\omega(l_e;n,\lambda)$ 的上界，该上界是多项式最大度数的增函数。

定理 5-3： 假设有 n 批次连续的交通需求依次到达路网起点选择路径到目的地，如果路阻函数 l 是系数非负、度数最大为 d 的多项式函数，f 是在贪婪策略下交通网络上的流量，s 是离线情形下的系统最优流，则贪婪策略下的交通流量分配效率上界是 $(d+1)^{d+1}$。

证明：由定理 5-1 和引理 5-4 可知

$$\begin{aligned}\frac{C(f)}{C(s)}&\leqslant \inf_{\lambda\in\Gamma(L,n)}\left[\frac{(d+1)\lambda}{1-\omega(L;n,\lambda)}\right]\\&\leqslant\frac{(d+1)\times(d+1)^{d-1}}{1-d/(d+1)}\\&=(d+1)^{d+1}\end{aligned} \tag{5-17}$$

定理得证。

定理 5-3 给出了路阻函数为度数最大是 d 的多项式路阻函数时，贪婪策略下交通流量的分配效率。可以看出，分配效率是 d 的指数函数，即当路阻函数的度数 d 很大时，用户花费的总费用和最优总费用之间的差距变得非常大。也从另一个方面说明了当路阻函数很复杂时，改善时段内的交通流量分配效率有很大难度，而且可能使得交通状况变得非常坏。因此，不断深入分析影响路阻函数的因素，建路时尽可能使得路阻函数接近线性函数，或者尽可能降低路阻函数的度数，有利于交通状况的改善。

上述讨论了贪婪策略的上界，即研究贪婪策略使得交通状况最差能到什么程度。下面研究贪婪策略分配流量时，交通流量分配效率的下界。

4. 贪婪策略下的交通流量分配效率下界

在研究贪婪策略下交通流量分配效率上界的基础上，讨论该策略下交通流量分配效率的下界。通过如下定理，在所给定的特定需求序列下，利用贪婪策略分配流量时所有用户花费的费用与最优费用的比值不小于 5/3。

定理 5-4： 假设有 n 批次连续的交通需求依次到达路网起点选择路径到目的地，如果交通网络上的路阻函数是系数非负的线性函数，则贪婪策略下的交通流量分配效率不小于 5/3 。

证明：考虑图 5-4 给出的交通网络中贪婪策略下的流量分配效率。该网络上的路阻函数分别是 $l_{(s_i,s)}(x)=0,\ l_{(t_i,t)}(x)=0,\ l_{(s_i,t_i)}(x)=i, l_{(s,t)}(x)=x$ 。

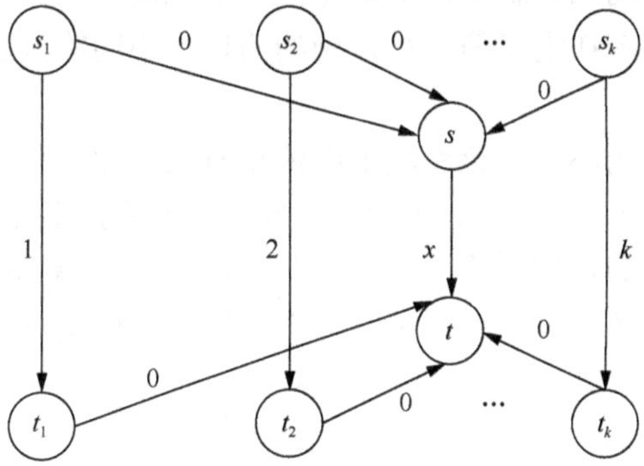

图 5-4　贪婪策略下流量分配效率示意图

需求 $\sigma=\{1,2,\cdots,k,k+1\}$ 依次到达，第 i 批次需求中有 1 单位的交通流量从 s_i 到 $t_i\ (i=1,2,\cdots,k)$，第 $(k+1)$ 批次需求中有 d 单位的交通流量从 s 到 t 。在每一批次分流的过程中，贪婪策略分配到 s_i 、t_i 路径上的流量是 1/2，另一半流分配到 s 、t 路径上，因此，贪婪策略产生的费用是 $C_{\text{SSO}}(\sigma)=k/2(k+1)+(k/2+d)^2$ 。前 k 批次分流中产生的最优系统费用是 $\sum_{i=1}^{k} i=k/2(k+1)$，第 $(k+1)$ 批次产生的最优系统费用是 d^2，因此，系统最优费用是 $C_{\text{opt}}(\sigma)=k/2(k+1)+d^2$ 。

令 $k=n-1, d=n/2$，可得

$$\frac{C_{\text{SSO}}(\sigma)}{C_{\text{opt}}(\sigma)}=\frac{\frac{1}{2}k(k+1)+\left(\frac{k}{2}+d\right)^2}{\frac{1}{2}k(k+1)+d^2}=\frac{5n^2-5n+1}{3n^2-2n}\to\frac{5}{3} \tag{5-18}$$

定理得证。

显然，当 $n=1$ 时，定理 5-2 给出的上界是一个紧界。通过对比可以发现贪婪策略分配流量之后，交通网络上流量产生的费用是最优费用的 5/3 倍，而已有的用户均衡策略分配流量所产生的费用大于等于系统最优时用户花费总费用的 3 倍。从此意义上来说，贪婪策略优于用户均衡策略。

5.2　路阻函数不可分时的情形

5.1 节中假设路阻函数相互独立，路段流量之间没有影响，即路段上的旅行费用只与该路段上的流量有关，与其他路段上的流量无关，该假设并非完全合理。有些情况下，路段之间相互影响，如果路段上的流量很大且中间没有隔离，车辆之间会相互影响，或者在没有信号灯控制的路口，不同路段上车辆之间也会相互影响。

路段上的旅行费用不但与该路段上的流量有关，而且与其他路段上的流量也有关，称这样的路阻函数不可分，不可分意味着该函数是多元函数。图 5-5 中给出的路阻函数是不可分的，如函数 $2x_1+x_2+1$、x_1+2x_2+1 等是不可分的路阻函数。本节主要研究路阻函数不可分时，时段内交通流量分配策略及其分配效率。

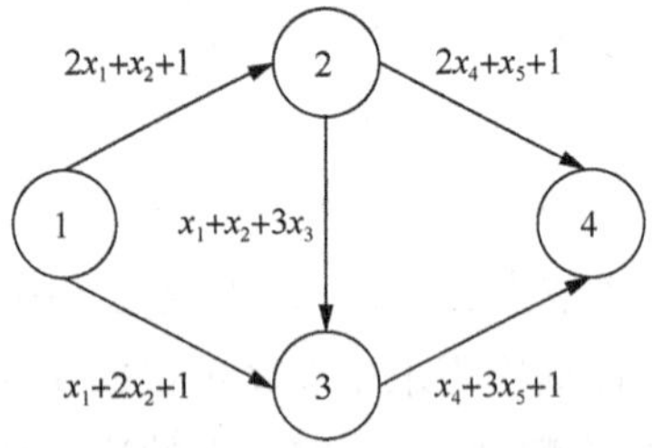

图 5-5　路阻函数不可分的交通网络

5.2.1　路阻函数不可分问题模型构建

给定有向交通网络 $G=(V,E)$，V 表示节点集合，E 表示路段 e 的集合；路段 e 上的路阻函数 $l_e(x)=l_e(\cdots,x_e,\cdots)$ 是关于流量系数非负、非递减的凸函数，不但与路段 e 上的流量有关，还与其他路段上的流量有关；如果 $\dfrac{\partial l_a(x)}{\partial x_b}=\dfrac{\partial l_b(x)}{\partial x_a},a\in E,$ $b\in E,a\neq b$，称路段 a 与 b 之间的影响对称，否则，称路段 a 与 b 之间的影响不对称；记交通流量序列为 $r=\{r_1,r_2,\cdots,r_n\}$，第 i 批次分配使用的节点集合为 $\kappa_i=\{i1,i2,\cdots,in_i\}$，其中 $r_i=\{r_{i1},r_{i2},\cdots,r_{in_i}\}$；$P_{ij}$ 表示起点 s_{ij} 到讫点 t_{ij} 之间所有路径的集合，$f_p^{ij}\geqslant 0$ 是路径 $p\in P_{ij}$ 上的流量，$f_e^{ij}=\sum\limits_{e\in p}f_p^{ij}$，第 i 批次分配在路段 e 上的累计的流量为 $f_e^i=\sum\limits_{ij\in\kappa_i}f_e^{ij}$；路段 e 上，n 批次分配的流量为 $f_e=\sum_{i=1}^n f_e^i$；可行流 x 是对于所有节点 $v\in V$，能使 $\sum\limits_{e\in\delta^+(v)}x_e^{ij}-\sum\limits_{e\in\delta^-(v)}x_e^{ij}=\gamma_{ij}(v)$ 成立的流，其中 $\delta^+(v)$、

$\delta^-(v)$ 分别表示从节点 v 流出、流入流量的路段集合，如果 $v=s_{ij}$，则 $\gamma_{ij}(v)=r_{ij}$，若 $v=t_{ij}$，则 $\gamma_{ij}(v)=-r_{ij}$；当 n 批次分配结束后，如果流向量是 $x\in R^{|E|}$，则所有用户在交通网络上花费的总费用为 $Z_x=L(x)^{\mathrm{T}}x$，其中 $L(x)$ 表示流量是 $x\in R^{|E|}$ 时，路段上的路阻函数所组成的向量；如果 $Z_s=L(x_s)^{\mathrm{T}}x_s=\min\limits_{x}L(x)^{\mathrm{T}}x$，则所对应的流向量 x_s 是系统最优流；如果采用某个贪婪策略分配所产生的流向量是 x_{on}，则相应的总费用为 $Z_{\mathrm{on}}=L(x_{\mathrm{on}})^{\mathrm{T}}x_{\mathrm{on}}$。下面主要研究 Z_{on} 与 Z_s 之间的大小关系。

为了便于开展研究，特给出如下定义和基本假设。

定义 5-3： 正定矩阵 G 的非对称度为[6]

$$
\begin{aligned}
c^2=\left\|S^{-1}G\right\|_s^2&=\sup_{\omega\neq0}\frac{\left\|S^{-1}G\omega\right\|_s^2}{\left\|\omega\right\|_s^2}=\sup_{\omega\neq0}\frac{\omega^{\mathrm{T}}G^{\mathrm{T}}S^{-1}G\omega}{\omega^{\mathrm{T}}S\omega}\\
&=\sup_{l\neq0}\frac{l^{\mathrm{T}}S^{-1/2}G^{\mathrm{T}}S^{-1}GS^{-1/2}l}{\left\|l\right\|_2^2}=\lambda_{\max}\left(S^{-1/2}G^{\mathrm{T}}S^{-1}GS^{-1/2}\right)
\end{aligned}
\tag{5-19}
$$

其中，$S=\left(G+G^{\mathrm{T}}\right)/2$；$l=S^{1/2}\omega$。由于 S 是对称正定矩阵，所以 $S=S^{1/2}\left(S^{1/2}\right)^{\mathrm{T}}$。根据定义 5-3 可知，当 G 是对称正定矩阵时，$c^2=1$。矩阵 G 是非对称的，参数 $c^2\geqslant1$ 的作用是度量矩阵 G 的对称性。

定义 5-4： 对于矩阵 A 中的任意元素 a_{ij}、a_{ji}，记 $\delta_{ij}=\dfrac{\left|a_{ij}-a_{ji}\right|}{\max\left\{\left|a_{ij}\right|,\left|a_{ji}\right|\right\}}$，$\delta=\max\limits_{i,j}\delta_{ij}$，则称 δ 是矩阵 A 的元素接近度。

显然，由定义 5-4 可知 $\delta_{ij}=\delta_{ji}$，$\delta\in[0,1]$。该定义在研究中起着非常重要的作用，反映了矩阵元素之间的接近程度，可知对称矩阵的元素接近度 $\delta=0$。

若用户要改变已选择好的出行路径，需付出额外费用，如果该费用很大，则用户最好的策略是坚持原来的路径不变[7]；用户通过某条路段时，所花费用主要由该路段上的流量决定，而其他路段上的流量对该路段的费用影响比较小，占总费用很小一部分。根据上面的分析且便于研究，给出如下基本假设。

假设 5-3： 路阻函数是线性不可分的。

假设 5-4： 用户一旦被分配到交通网络上，其出行路径就不能改变。

5.2.2　多阶段用户均衡策略及分配效率

用户出行时总是追求费用最少的路径，而并不考虑其他用户如何选择路径，导致交通处于用户均衡，相应的流量称为用户均衡流。本小节主要研究路阻函数是不可分的线性函数时，某个时段内，用户均衡分配策略下的交通流量分配效率。下面的变分不等式是进行分析的基础。

引理 5-5： 假设路段上的路阻函数是系数非负、非递减的凸函数，x_{u}^i 是第 i 批次分配时产生的用户均衡流，则对于任意的可行流 x^i，有

$$L\left(\sum_{k=1}^{i} x_{\mathrm{u}}^i\right)^{\mathrm{T}}\left(x^i - x_{\mathrm{u}}^i\right) \geqslant 0 \tag{5-20}$$

如果路阻函数是系数非负、非递减的凸函数，则每个时点存在唯一的用户均衡流 x^i 使得变分不等式（5-20）成立。事实上，变分不等式（5-20）也对应一个凸规划[7]。

基于引理 5-5、假设 5-3 和假设 5-4，下面给出用户均衡分配策略。

用户均衡分配策略：用户一旦选定自己的出行路径就不允许改变；如果第 i 批次到达交通网络起点处的交通流量是 $r_i\left(i=1,2,\cdots,n\right)$，则第 i 批次交通流量按照流向量 x_{u}^i 进行分配，其中 x_{u}^i 是对于任意可行流向量 x^i，能使变分不等式 $L\left(\sum_{k=1}^{i} x_{\mathrm{u}}^i\right)^{\mathrm{T}}\left(x^i - x_{\mathrm{u}}^i\right) \geqslant 0$ 成立的可行流。

如果当前到达的交通流量是 r_i，用户均衡分配策略能使 r_i 中相同出发地和目的地的用户所花费用一样。对于第 i 批次到达的用户，当前采用的是用户均衡分配，则称该策略为用户均衡分配策略。交通流量分配效率是衡量分配策略的重要指标，交通流量分配效率越小，说明设计的分配策略越好，反之越坏。下面研究用户均衡分配策略下的总费用 Z_{u} 与系统最优费用 Z_{s} 之间的关系。

分析交通流量分配效率之前，先介绍几个引理。

引理 5-6：（柯西–施瓦茨不等式）记两列数 a_i 和 $b_i, i=1,2,\cdots,n$，则 $\left(\sum_{i=1}^{n} a_i^2\right)\left(\sum_{i=1}^{n} b_i^2\right) \geqslant \left(\sum_{i=1}^{n} a_i b_i\right)^2$。

引理 5-6 说明，对于任意的两个流向量，分量平方和之积不小于对应分量之积和的平方。这是柯西–施瓦茨不等式的一个应用，它建立了不同流向量之间的关系。

引理 5-7： 已知 x_i 是非负向量，$i=1,2,\cdots,n$ 且 $\sum_{i=1}^{n} x_i = x$，G 是正定矩阵，则 $x^{\mathrm{T}} G x \leqslant n\sum_{i=1}^{n} x_i^{\mathrm{T}} G x_i$。

证明：因为 G 是正定矩阵，所以 $x_i^{\mathrm{T}} G x_i > 0, i=1,2,\cdots,n$，由范数定义可知 $x_i^{\mathrm{T}} G x_i = \left\|x_i\right\|_G^2$，$i=1,2,\cdots,n$，则

$$\begin{aligned}\sum_{i=1}^{n} x_i{}^{\mathrm{T}} G x_i &= \sum_{i=1}^{n}\|x_i\|_G^2 \sum_{i=1}^{n}\left(\frac{1}{\sqrt{n}}\right)^2 \geqslant \left(\sum_{i=1}^{n}\frac{1}{\sqrt{n}}\|x_i\|_G\right)^2 = \frac{1}{n}\left(\sum_{i=1}^{n}\|x_i\|_G\right)^2 \\ &\geqslant \frac{1}{n}\left(\left\|\sum_{i=1}^{n} x_i\right\|_G\right)^2 = \frac{1}{n}\left(\|x\|_G\right)^2 = \frac{1}{n}x^{\mathrm{T}}Gx\end{aligned} \tag{5-21}$$

引理得证。

式（5-21）中第一个不等式是根据柯西–施瓦茨不等式，第二个不等式是根据范数的定义得到的。

引理 5-8： 假设 n 批次连续的交通需求依次到达交通网络起点，采用用户均衡分配策略分配交通流量，路阻函数向量为 $L(x)=Gx+b$，G 是正定矩阵且 $b^{\mathrm{T}}x \geqslant 0$，则 $Z_{\mathrm{u}} \leqslant a_1 Z_{\mathrm{u}} + a_2 Z_x + \vartheta_n(x_{\mathrm{u}})$，其中 Z_{u}, Z_x 是用户均衡流 x_{u} 和任意可行流 x 所对应的总费用，c^2 是矩阵 G 的非对称度，常数 $0 \leqslant a_1 \leqslant 1$，$1 \leqslant a_2$ 且 $c \leqslant 2\sqrt{a_1 a_2}$，$\vartheta_n(x_{\mathrm{u}}) = Z_{\mathrm{u}} - \sum_{i=1}^{n} L\left(\sum_{k=1}^{i} x_{\mathrm{u}}^k\right)^{\mathrm{T}} x_{\mathrm{u}}^i$。

证明：由变分不等式（5-20），可得

$$\begin{aligned}Z_{\mathrm{u}} &\leqslant Z_{\mathrm{u}} + \sum_{i=1}^{n} L\left(\sum_{k=1}^{i} x_{\mathrm{u}}^k\right)^{\mathrm{T}}\left(x^i - x_{\mathrm{u}}^i\right) \\ &\leqslant L(x_{\mathrm{u}})^{\mathrm{T}} x + \vartheta_n(x_{\mathrm{u}})\end{aligned} \tag{5-22}$$

其中，$\vartheta_n(x_{\mathrm{u}}) = Z_{\mathrm{u}} - \sum_{i=1}^{n} L\left(\sum_{k=1}^{i} x_{\mathrm{u}}^k\right)^{\mathrm{T}} x_{\mathrm{u}}^i$。

下面分别研究 $L(x_{\mathrm{u}})^{\mathrm{T}} x$ 和 $\vartheta_n(x_{\mathrm{u}})$ 的大小。由定义 5-3、范数的定义和范数不等式，可知：

$$\begin{aligned}L(x_{\mathrm{u}})^{\mathrm{T}} x &= x_{\mathrm{u}}^{\mathrm{T}} G^{\mathrm{T}} x + b^{\mathrm{T}} x = x_{\mathrm{u}}^{\mathrm{T}} G^{\mathrm{T}} S^{-1} S x + b^{\mathrm{T}} x \\ &\leqslant \left\|x_{\mathrm{u}}^{\mathrm{T}} G^{\mathrm{T}} S^{-1}\right\|_s \|x\|_s + b^{\mathrm{T}} x \\ &\leqslant \|x_{\mathrm{u}}\|_s \left\|S^{-1} G\right\|_s \|x\|_s + b^{\mathrm{T}} x \\ &= c\|x_{\mathrm{u}}\|_s \|x\|_s + b^{\mathrm{T}} x\end{aligned} \tag{5-23}$$

对于 $a_1, a_2 \geqslant 0$，有

$$0 \leqslant \left(\sqrt{a_1}\|x_{\mathrm{u}}\|_s - \sqrt{a_2}\|x\|_s\right)^2 = a_1\|x_{\mathrm{u}}\|_s^2 + a_2\|x\|_s^2 - 2\sqrt{a_1 a_2}\|x_{\mathrm{u}}\|_s \|x\|_s \tag{5-24}$$

则

$$2\sqrt{a_1a_2}\|x_{\mathrm{u}}\|_s\|x\|_s \leqslant a_1\|x_{\mathrm{u}}\|_s^2 + a_2\|x\|_s^2 \tag{5-25}$$

如果选择$c \leqslant 2\sqrt{a_1a_2}$，有

$$c\|x_{\mathrm{u}}\|_s\|x\|_s \leqslant a_1\|x_{\mathrm{u}}\|_s^2 + a_2\|x\|_s^2 \tag{5-26}$$

因此，对于$a_1, a_2 \geqslant 0,\ c \leqslant 2\sqrt{a_1a_2}$，有

$$\begin{aligned} L(x_{\mathrm{u}})^{\mathrm{T}} x &\leqslant a_1\|x_{\mathrm{u}}\|_s^2 + a_2\|x\|_s^2 + b^{\mathrm{T}}x = a_1x_{\mathrm{u}}^{\mathrm{T}}Sx_{\mathrm{u}} + ax^{\mathrm{T}}Sx + b^{\mathrm{T}}x \\ &= a_1\left(x_{\mathrm{u}}^{\mathrm{T}}G^{\mathrm{T}}x_{\mathrm{u}} + b^{\mathrm{T}}x_{\mathrm{u}}\right) + a_2\left(x^{\mathrm{T}}G^{\mathrm{T}}x + b^{\mathrm{T}}x\right) - a_1b^{\mathrm{T}}x_{\mathrm{u}} - (a_2-1)b^{\mathrm{T}}x \end{aligned} \tag{5-27}$$

进一步假设$a_2 \geqslant 1$，因为$b^{\mathrm{T}}x_{\mathrm{u}}, b^{\mathrm{T}}x \geqslant 0$，所以式（5-27）可简化为

$$L(x_{\mathrm{u}})^{\mathrm{T}} x \leqslant a_1Z_{\mathrm{u}} + a_2Z_x \tag{5-28}$$

引理得证。

引理 5-8 讨论的是用户均衡分配策略下用户均衡流总费用和任意一个可行流费用之间的关系，将用户均衡流的总费用和任意可行流总费用之间的关系做了量化处理。事实上当可行流取系统最优流时，式（5-28）也成立。引理 5-8 为进一步讨论用户均衡分配策略下的交通流量分配效率奠定了基础。

下面研究路阻函数的雅可比矩阵非对称时，用户均衡分配策略下的交通流量分配效率。

定理 5-5：假设n批次连续的交通需求依次到达交通网络起点，每个时点采用用户均衡分配策略分配流量，路阻函数向量为$L(x) = Gx + b$，G是正定矩阵且$b^{\mathrm{T}}x \geqslant 0$，则

$$\frac{Z_{\mathrm{u}}}{Z_{\mathrm{s}}} \leqslant \begin{cases} 4n\big/\left[2n+2-c^2n-(n-1)\delta\right], & c^2 \leqslant (n+1)/n \\ 4n^2c^2\big/\left[(n+1)-(n-1)\delta\right]^2, & c^2 > (n+1)/n \end{cases} \tag{5-29}$$

其中，$Z_{\mathrm{u}}, Z_{\mathrm{s}}$是用户均衡流$x_{\mathrm{u}}$和系统最优流$x_{\mathrm{s}}$所对应的总费用；$c^2$是矩阵$G$的非对称度；$\delta$是矩阵$G$的元素接近度。

证明：由式（5-25）和式（5-28）得$Z_{\mathrm{u}} \leqslant a_1Z_{\mathrm{u}} + a_2Z_x + \vartheta_n(x_{\mathrm{u}})$，其中，$\vartheta_n(x_{\mathrm{u}}) = Z_{\mathrm{u}} - \sum_{i=1}^{n} L\left(\sum_{k=1}^{i} x_{\mathrm{u}}^k\right)^{\mathrm{T}} x_{\mathrm{u}}^i$。

下面重点讨论$\vartheta_n(x_{\mathrm{u}})$的大小。根据矩阵$G$构造新的矩阵$G^*$和$G''$，令$g_{ii}^* = g_{ii}$，如果$g_{ji} \leqslant g_{ij}$，令$g_{ji}^* = g_{ij}^* = g_{ij}$，$G' = G^* - G$，$g_{ji}'' = g_{ji}, g_{ij}'' = g_{ij}$，$g_{ii}'' = 0$。显然$G^*$和$G''$都是对称矩阵。令

$$
\begin{aligned}
A&=\sum_{i=1}^{n}L\left(\sum_{k=1}^{i}x_{\mathrm{u}}^{k}\right)^{\mathrm{T}}x_{\mathrm{u}}^{i}=\sum_{i=1}^{n}\left(\sum_{k=1}^{i}x_{\mathrm{u}}^{k}\right)^{\mathrm{T}}G^{\mathrm{T}}x_{\mathrm{u}}^{i}+b^{\mathrm{T}}x_{\mathrm{u}}\\
&=\sum_{i=1}^{n}\left(\sum_{k=1}^{i}x_{\mathrm{u}}^{k}\right)^{\mathrm{T}}\left(G^{*}-G'\right)^{\mathrm{T}}x_{\mathrm{u}}^{i}+b^{\mathrm{T}}x_{\mathrm{u}}\\
&=\sum_{i=1}^{n}\left(\sum_{k=1}^{i}x_{\mathrm{u}}^{k}\right)^{\mathrm{T}}G^{*}x_{\mathrm{u}}^{i}-\sum_{i=1}^{n}\left(\sum_{k=1}^{i}x_{\mathrm{u}}^{k}\right)^{\mathrm{T}}G'x_{\mathrm{u}}^{i}+b^{\mathrm{T}}x_{\mathrm{u}}
\end{aligned}
\tag{5-30}
$$

由引理 5-2、引理 5-3、定义 5-2 和矩阵 G^{*}、G、G' 和 G'' 之间的关系可知：

$$
\begin{aligned}
A&\geqslant\frac{n+1}{2n}x_{\mathrm{u}}^{\mathrm{T}}G^{*}x_{\mathrm{u}}-\sum_{i=1}^{n}\left(\sum_{k=1}^{i}x_{\mathrm{u}}^{k}\right)^{\mathrm{T}}G'x_{\mathrm{u}}^{i}+b^{\mathrm{T}}x_{\mathrm{u}}\\
&=\frac{n+1}{2n}x_{\mathrm{u}}^{\mathrm{T}}Gx_{\mathrm{u}}+\frac{n+1}{2n}x_{\mathrm{u}}^{\mathrm{T}}G'x_{\mathrm{u}}-\sum_{i=1}^{n}\left(\sum_{k=1}^{i}x_{\mathrm{u}}^{k}\right)^{\mathrm{T}}G'x_{\mathrm{u}}^{i}+b^{\mathrm{T}}x_{\mathrm{u}}\\
&\geqslant\frac{n+1}{2n}x_{\mathrm{u}}^{\mathrm{T}}Gx_{\mathrm{u}}+\frac{n+1}{2n}x_{\mathrm{u}}^{\mathrm{T}}G'x_{\mathrm{u}}-x_{\mathrm{u}}^{\mathrm{T}}G'x_{\mathrm{u}}+b^{\mathrm{T}}x_{\mathrm{u}}\\
&\geqslant\frac{n+1}{2n}x_{\mathrm{u}}^{\mathrm{T}}Gx_{\mathrm{u}}-\frac{n-1}{2n}\delta x_{\mathrm{u}}^{\mathrm{T}}G''x_{\mathrm{u}}+\frac{n+1}{2n}bx_{\mathrm{u}}-\frac{n-1}{2n}\delta b^{\mathrm{T}}x_{\mathrm{u}}\\
&\geqslant\frac{n+1}{2n}Z_{\mathrm{u}}-\frac{n-1}{2n}\delta Z_{\mathrm{u}}
\end{aligned}
\tag{5-31}
$$

从而

$$Z_{\mathrm{u}}\leqslant a_{1}Z_{\mathrm{u}}+a_{2}Z_{x}+\frac{n-1}{2n}Z_{\mathrm{u}}+\frac{n-1}{2n}\delta Z_{\mathrm{u}} \tag{5-32}$$

令 $x=x_{\mathrm{s}}$，代入式（5-32）得

$$Z_{\mathrm{u}}/Z_{\mathrm{s}}\leqslant\frac{2na_{2}}{n+1-2na_{1}-(n-1)\delta} \tag{5-33}$$

求解优化问题（5-34），可得用户均衡分配策略下的交通流量分配效率：

$$\min\frac{2na_{2}}{n+1-2a_{1}n-(n-1)\delta} \tag{5-34a}$$

$$\text{s.t. }\ a_{1}a_{2}\geqslant\frac{c^{2}}{4},a_{2}\geqslant 1 \tag{5-34b}$$

$$0\leqslant a_{1}\leqslant\left[(n+1)-(n-1)\delta\right]/2n \tag{5-34c}$$

如果 $c^{2}\leqslant(n+1)/n$，最优解为 $a_{1}=c^{2}/4,a_{2}=1$，代入目标函数得

$$Z_{\mathrm{u}}/Z_{\mathrm{s}}\leqslant 4n/\left[2n+2-c^{2}n-(n-1)\delta\right] \tag{5-35}$$

如果 $c^{2}>(n+1)/n$，最优解为

$$a_{1}=\left[(n+1)-(n-1)\delta\right]/4n,a_{2}=nc^{2}/\left[(n+1)-(n-1)\delta\right] \tag{5-36}$$

代入目标函数得

$$Z_u/Z_s \leqslant 4n^2c^2/\left[(n+1)-(n-1)\delta\right]^2 \tag{5-37}$$

综合式（5-36）和式（5-37），可得结论。

定理得证。

定理 5-5 证明过程中要求参数$a_2 \geqslant 1$。由$a_2 = nc^2/\left[(n+1)-(n-1)\delta\right]$可知，只要$\delta \in [0,1]$就可以保证$a_2 \geqslant 1$，无论$\delta$取何值，$a_1$的取值都满足约束条件（5-34b）。因此，$\delta \in [0,1]$可以保证所得解在可行域内；用户均衡分配策略的竞争比与δ的取值成正比，δ越小，竞争性能越好，这与实际情形相符合。δ越小则表示路段之间的影响程度越接近，用户均衡分配的费用与最优费用的差距越小。

根据研究结果，讨论当参数取特殊值时的交通流量分配效率。当$n=1$时，表示某个时点的交通流量分配，当$n>1$时，表示某个时段内的交通流量分配。当$c=1,\delta=0$时，表示路段之间互不影响或影响对称的情形；当$c\neq 1,\delta \neq 0$时，表示路段之间相互影响且影响不对称的情形。本小节主要研究某个时段内，路段之间相互影响不对称情形下的交通流量分配。研究结果同以往的研究结果比较如下。

情形 1：当$n=1,c=1,\delta=0$时，某个时点路段之间相互没有影响的情形，由研究结果可知$Z_u/Z_s \leqslant 4/3$，该结果同文献[5]中对应的结论一致。

情形 2：当$n>1,c=1,\delta=0$时，某个时段路段之间相互没有影响的情形，由研究结果可知$Z_u/Z_s \leqslant 4$，该结果同文献[7]中对应的结论一致。

情形 3：当$n=1,c\neq 1,\delta \neq 0$时，某个时点路段之间相互影响的情形，由研究结果可知

$$\frac{Z_u}{Z_s} \leqslant \begin{cases} \dfrac{4}{4-c^2}, & c^2 \leqslant 2 \\ c^2, & c^2 > 2 \end{cases} \tag{5-38}$$

该结果同文献[6]中对应的结论一致。通过比较发现，研究结果不但同以往的研究结果一致，而且对已有研究结果进行了进一步的丰富和推广。

本章主要研究了在某个时段内交通流量依次到达路网起点，而用户在无法预知未来交通流量的情况下不得不做出决策选择出行路径的问题。从交通流量分配策略设计及其交通流量分配效率分析的角度，讨论了路阻函数可分和不可分两种情形。当路阻函数可分时，采用贪婪策略分配交通流量，即每个时点的交通流量分配结束后，当前阶段交通状况达到最好。在对变分不等式进行合理处理的基础上，得到了贪婪策略下交通流量分配效率的计算方法。特别情况下，当路阻函数是系数非负的线性函数时，证明该策略下的交通流量分配效率是4；当路阻函数是系数非负、度数最大为d的多项式函数时，该策略下的交通流量分配效率是

$(d+1)^{d+1}$，该结果是多项式最大度数的函数。同时，给出贪婪策略下的交通流量分配效率的下界是$5/3$，即存在交通网络和交通流量序列，使得该策略下贪婪策略下的总费用是最优费用的$5/3$倍，而用户均衡分配策略下用户花费的总费用是最优费用的3倍，从该意义上讲，贪婪策略优于已有的用户均衡分配策略。当路阻函数不可分且不对称时，定义了矩阵的元素接近度，设计了用户均衡分配策略，借助矩阵范数的定义和性质，建立了用户均衡策略下用户花费的总费用和最优费用之间的关系，并讨论了不同情形下的分配效率：当$c^2 \leqslant (n+1)/n$时，交通流量分配效率是$4n/\left[2n+2-c^2n-(n-1)\delta\right]$；当$c^2 > (n+1)/n$时，交通流量分配效率是$4n^2c^2/\left[(n+1)-(n-1)\delta\right]^2$，其中$c^2$和$\delta$是路阻函数雅可比矩阵的非对称度和元素接近度。在上述研究基础上，相应的参数取特殊值，通过讨论特殊情形下交通流量分配效率发现，研究结果不但同以往的研究结果一致，而且对已有研究结果进行了进一步的丰富和推广。但是，还有很多不足之处，如目前还没有证明所研究的策略是最优策略；国内外对时段内交通流量分配问题研究较少，还有很多值得研究的方向。

参 考 文 献

[1] DAVID S, BORODIN A. A new measure for the study of on-line algorithms[J]. Algorithmica, 1994, 11: 73-91.

[2] WU X P, KOU Y B, ZHAO Q H. Online homing TSP problem with ring network[C]. Proceedings of the 2nd on Global Conference on Theory and Application of OR/OM for Sustainability, Beijing, 2017: 124-128.

[3] 武小平. 基于用户均衡策略的在线交通流量分配[J]. 系统工程, 2013, 31(6): 83-86.

[4] 徐寅峰, 武小平, 苏兵. 基于系统最优策略的占线交通流量分配[J]. 系统工程, 2009, 27(3): 16-20.

[5] ROUGHGARDEN T, TARDOS E. How bad is selfish routing?[J]. Journal of the ACM, 2002, 49(2): 236-259.

[6] PERAKIS G. The price of anarchy when costs are non-separable and asymmetric[C]. Proceedings of the 10th International Integer Programming and Combinatorial Optimization Conference, New York, 2004: 46-58.

[7] HARKS T, VEGH L A. Nonadaptive selfish routing with online demands[C]. Combinatorial and Algorithmic Aspects of Networking, Halifax, 2007: 27-45.

第 6 章 车辆路径优化问题和求解算法

6.1 车辆路径优化问题

随着电子商务的快速发展，网购量迅猛增长。线上交易的完成需要线下物流的支撑，而完善的物流系统能够保证货物及时准确地送达客户，同时也能提高客户满意度，减少物流成本。因此，物流速度和效率越来越受人们的重视。近年来，在电子商务的带动下，快递业也迅速发展，快递业务量和快递收入都明显增加。同时“互联网+流通”行动计划也为电子商务与快递物流发展提供了政策支持，并提出加强智慧流通基础设施建设和积极推进流通创新，提升快递末端服务能力的建议。

优化车辆路径是提高物流效率的主要途径之一，也是各国学者研究的热点。车辆路径的选择会影响配送效率，合理规划配送车辆，用较少的车辆辐射较大的配送范围，减少车辆空载率，同时节约配送时间，提高客户满意度。然而，在实际的配送过程中，配送环境存在较多不确定性，天气、交通状况、车辆故障等不可控因素使得配送时间不确定，客户需求点的变动，客户需求量及需求所要求的时间窗也会发生变化。因此，对不确定条件下的路径优化问题进行深入探讨和研究具有现实意义。

近年来，随着互联网和信息化的发展，物流也向信息化和智能化转变。例如，地理信息系统能够对配送点的位置进行准确定位，信息技术能够对天气、交通状况进行预测，车辆管理系统能够实现对车辆的合理调度，计算机技术的发展也使智能算法得到普及。借助计算机，可以对不确定因素进行估计，也为车辆路径问题模型的求解提供了有效的工具。因此，借助互联网，研究不确定情形下车辆路径优化问题是一项重要的课题。

6.1.1 车辆路径优化问题研究现状

车辆路径问题（vehicle routing problem，VRP）于 1959 年由 Dantzig 等[1]提出，是运筹学和组合优化领域的研究热点。目前，国内外学者对车辆路径优化问题模型和问题求解算法进行了深入研究并取得了较多研究成果。传统的 VRP 已经不能完全符合实际配送的情况，根据优化目标、配送中心数量、车辆数、客户时间窗、车载量、配送任务等将 VRP 进行扩展，如有带时间窗约束的车辆路径问题（vehicle routing problem with time windows，VRPTW）、多个车型的车辆路径问题（heterogeneous vehicle routing problem，HVRP）、多个配送中心的车辆路径问题（multi-depot vehicle routing problem，MDVRP）、车辆取送货同时进行的车辆路径问题（vehicle routing problem with pick up and delivery，VRPPD）、选址与路径优化结合的车辆路径问题（location-routing vehicle routing problem，LRVRP）等。

目前，对车辆路径优化的研究大部分是基于配送时间、需求量、配送点坐标等信息确定条件下的静态路径问题。然而在实际的配送中，人为或客观因素会导致配送过程存在较多不确定情况，因此，有必要研究这些不确定条件下的动态路径优化问题。Psaraftis[2]于 1988 年提出动态车辆路径问题（dynamic vehicle routing problem，DVRP），随后，Bertsimas 等[3-5]、Psaraftis[6]和 Gendreau 等[7]对 DVRP 的内涵和特征做了进一步的研究。我国学者对此也进行了研究，张婷等[8]研究了配送过程中信息动态变化的城市配送车辆路径优化问题，通过引入虚拟变量，将动态问题转化为静态问题，用遗传算法（genetic algorithm，GA）寻找出最优配送路径。李妍峰等[9]研究了实时交通信息下的车辆路径优化问题，考虑了偶发性交通拥堵，设计了在关键点更新路线的机制。周鲜成等[10]对动态车辆路径问题的特征、分类和求解算法进行了介绍，指出了 DVRP 未来的发展趋势。周慧等[11]考虑动态需求、车容量、车辆数、配送网络结构等因素，建立了基于成本、旅行时间、客户满意度的多目标动态路径优化算法，并对网络中的动态需求提出两阶段求解策略。

6.1.2　车辆路径优化问题构成要素

车辆路径优化问题是运筹学与物流决策领域相结合的综合性问题。目前，车辆路径问题的类型不断扩展、优化模型不断贴近现实，研究者们提出了多种智能算法以不断提高问题求解的速度和准确性。车辆路径优化问题是指配送点和配送中心的所有节点位置信息已知，配送中心车辆运力充足的情况下，车辆从配送中心出发，在满足配送点可接受的收货时间窗、车辆容量限制、配送中心容量等约束条件的前提下，服务完所有配送点后回到配送中心。合理规划配送路径，实现相应的优化目标是该类问题的主要研究内容。车辆路径优化问题主要涉及以下 7 个基本构成要素。

1）配送中心

配送中心是货物集中和中转的场所，能够辐射一定范围内的配送点，车辆路径优化问题中所有货物由配送中心发出，车辆从配送中心出发完成配送任务后需要返回配送中心。

2）配送点

配送点是物流服务的需求点，配送点的客户有时间窗、服务需求量等方面的要求。

3）货物

货物是物流配送的对象，在配送过程中需要核对货物的名称、质量、体积和所属配送点等，从而将货物准确无误的送达客户。

4）车辆

车辆是配送的运输工具，车辆有承载质量、车型等属性。

5）配送路线

节点是指配送中心和配送点的总和，配送路线是指节点之间的连接，节点和节点间的连接构成了整个配送网络，一般用网络图描述。网络图上的点为配送节点，网络图上的边或弧为配送路线，网络的边或弧具有权重，权重一般可以表示节点间的距离、时间等。同时，边或弧可以是有方向的，也可以是无方向的。

6）约束条件

约束条件是指路径寻优过程中的限制条件，包括配送点时间窗、车辆承载质量、配送中心容量、配送中心车辆数量和配送路线限定等。

7）优化目标

优化目标是指路径寻优过程中的特定目标，如时间、成本、距离等，在模型中用函数表示，即目标函数。根据目标函数的数量可将路径优化问题分为单目标优化和多目标优化。单目标优化中只有一个目标函数，可以是时间最短、距离最短、成本最低等。多目标优化模型中有多个目标函数，需要寻找两个及多个目标整体最优下的车辆路径。

6.1.3 车辆路径优化问题分类

随着研究的不断深入，车辆路径优化问题已经演化出了多种类型，根据配送状况的不同、配送网络的特点、客户需求的差异、路径寻优的目标等，可将车辆路径优化问题进行详细分类，具体类别如表 6-1 所示。

表 6-1　车辆路径优化问题分类

分类标准	类别	内涵
优化目标	单目标	模型中只有一个目标函数
	多目标	模型中有多个目标函数
配送中心数量	单配送中心	配送网络中只有一个配送中心
	多配送中心	配送网络中有多个配送中心
配送点的时间窗要求	无时间窗	随时可以配送
	硬时间窗	车辆需要在客户规定的时间要求内完成配送，否则客户拒绝接受服务
	软时间窗	车辆没有在客户规定的时间要求内完成配送，给予一定的惩罚成本
	模糊时间窗	客户有理想时间窗和最大容忍时间窗，车辆在理想时间窗内完成配送无惩罚，在最大容忍时间窗内配送给予一定的惩罚成本，超出最大容忍时间窗客户拒绝服务
车辆承载质量	满载	配送服务量不小于车辆承载质量
	非满载	配送服务量小于车辆承载质量
车辆型号	单车型	配送车辆的型号、承载质量都相同
	多车型	配送车辆的型号、承载质量不完全相同
车辆是否返回配送中心	开放式	车辆完成配送任务后不需要返回配送中心
	封闭式	车辆完成配送任务后需要返回配送中心
配送任务	只送货	车辆负责为配送点送货
	只取货	车辆负责从配送点取货
	取送货同时	车辆在配送过程中既要到配送点送货又要取货

同时，车辆路径问题也可分为静态车辆路径问题（static vehicle routing problem，SVRP）和 DVRP。SVRP 是指在配送过程中外部环境和配送网络信息确定且不发生变化的情况下，建立优化模型，安排配送路径。DVRP 是指配送过程中存在的较多不确定信息，如动态交通状况、配送点的变动、服务需求量的不确定、配送时间的不确定、客户时间窗的变化等，这些不确定因素使得车辆在配送过程中需要根据环境的变化不断调整并优化配送线路。DVRP 是 SVRP 的扩展，更加符合现实的配送状况。在车辆路径优化问题的实际应用中，需要对配送状况进行分析，根据现实情况确定车辆路径问题的具体类别，从而建立合适的优化模型。

6.2　求解算法

6.2.1　车辆路径优化模型求解算法介绍

车辆路径问题属于 NP 难问题，由于配送点的增加、配送网络的扩大、货物种类繁杂、交通状况多变、客户要求的差异等因素影响，车辆路径优化问题的数学模型变得更加复杂，模型中变量的增加，使得模型求解成为难点。运筹学、计算机、数学等各领域的学者提出了很多求解方法。目前，对车辆路径优化问题的求解方法大致可分为精确算法和启发式算法两大类，而启发式算法又可分为传统启发式算法和智能启发式算法，具体分类如图 6-1。

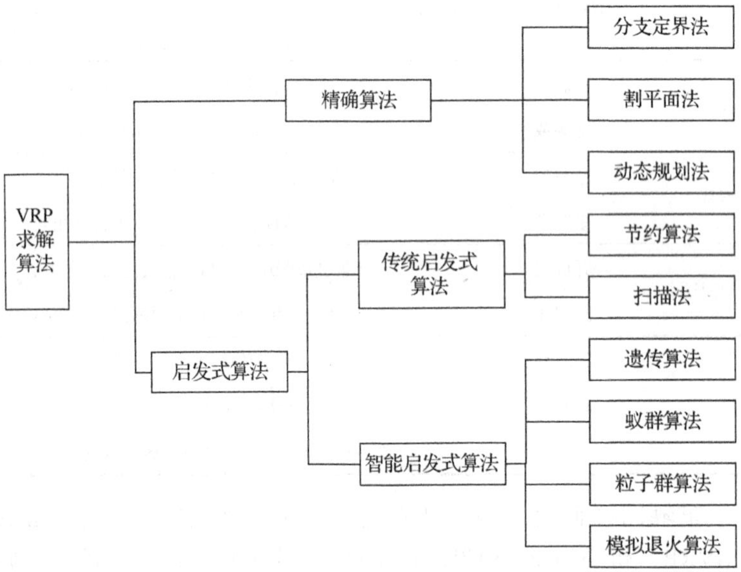

图 6-1　VRP 求解算法分类

1. 精确算法

精确算法可以求出车辆路径问题确定的最优解，适用于数据较少、模型简单和约束条件较少的车辆路径问题，所需的求解时间较长，但求解的结果比较精确。分支定界法、割平面法和动态规划法都属于精确算法，在实际求解运算中应用较多，以下是对这三个算法的说明。

1）分支定界法

分支定界法适用于求解整数规划模型。该方法首先将整个解空间分解成几个小的可行域，在每个小可行域中进行路径搜索，同时以约束条件为界限使搜索沿着目标最优的方向进行。每个可行域的搜索结果中都会产生最优解，其次将各个可行域的最优解进行比较，将搜索范围不断缩小，搜索速度加快。最后选取最优的搜索结果作为模型的最优解。

2）割平面法

割平面法一般用来求解整数规划模型。先用单纯形法求解数学规划模型，如果得出的解为整数解，则其为模型最终最优解；否则，需要添加割平面方程为约束条件，构造一系列割平面，将不含有任何整数解的可行域切割掉，经历多次切割后搜索区域会缩小，最终求得整数解。

3）动态规划法

动态规划法主要用于多阶段决策。首先，将问题的求解过程分解成多个有关联的阶段，选取合适的状态变量和最优值函数，从而把一个大问题化成同一类型的子问题；其次，对每个子问题逐个求解，从约束条件开始，每一子问题的求解都是以上一阶段子问题的最优结果为基础，依次进行，最后一个子问题所得的最优解就是整个模型的最优解。动态规划法在每一阶段的求解都能从全局考虑，但当每一阶段的状态复杂多变时，问题求解时的计算量增大，导致各阶段的决策速度较慢，因此，动态规划法适用于求解维数较小的路径优化问题。

2. 传统启发式算法

传统启发式算法是依据专家经验法则求解满意解的一种方法，而不是通过系统的、确定的步骤寻找最优解。传统启发式算法是在有限的解空间内进行搜索，可缩小搜索范围，进而加快求解速度。这种方法以目标函数为导向，依据决策者经验进行优化，求得的是问题的满意解。针对模型复杂、数据较多的情况，传统启发式算法相对于精确算法更加实用，操作性更强。

1）节约算法

在求解车辆路径优化模型的过程中，节约算法的目标是找到配送距离最短且启用车辆数目较少的路径。其算法流程：首先计算各节点之间的欧氏距离，其次根据节约度计算出节约里程数并将其进行降序排列，依据排列的结果得出初始配送方案，同时考虑约束条件限制并对初始配送方案不断优化，从而确定距离较短、车辆数目较少的配送路径。节约算法思路简单，计算执行性较强，但其选择路径时更强调目标函数，往往会忽略约束条件的限制，对于模型约束条件也不能进行全面灵活的处理，因此其适用于求解单目标路径优化问题。金成等[12]和李远远等[13]对传统节约算法进行了改进，并将其应用于车辆路径优化问题的求解中。

2）扫描法

扫描法属于两阶段法，第一阶段是将配送点进行分组，确定各个配送中心的配送区域；第二阶段是对各区域内的配送点进行排序，找到目标函数较优的配送路径。先以配送中心为原点，同时考虑所有约束条件，以顺时针或逆时针的方向将配送区域进行分割，再将各区域的配送点进行排序，最终找到每辆车的配送路径。该方法计算简单、易操作，针对大规模问题有较好的应用。

3. 智能启发式算法

智能启发式算法从 20 世纪 80 年代提出至今发展迅速，应用较多的有遗传算法、蚁群算法、粒子群算法、模拟退火算法等。随着计算机和人工智能的发展，智能启发式算法的各种性能也不断改进，同时也出现了鱼群算法、蜂群算法等仿生算法。智能启发式算法对于模型复杂、数据较多时有较好的求解效果，求解速度也较快，该算法得到的解是一定精确度下的满意解。

1）遗传算法

遗传算法属于进化算法的一种。该算法模拟自然界生物遗传优胜劣汰的进化现象，算法第一步是设置初始种群，由问题的可行解组成算法的搜索范围，每一个可行解就是种群中的一条染色体，每条染色体上的基因包含了所有节点；算法第二步根据适应度函数计算各染色体的适应值，再进行遗传操作，经过多次迭代，最终选择适应值最大的染色体作为最优解。主要遗传操作步骤包括适应度函数的设计、染色体编码、选择、交叉和变异等。罗勇等[14]设计了改进遗传算法来求解车辆路径优化问题。曹倩等[15]将此算法应用到了冷链物流配送路径优化中。

2）蚁群算法

蚁群算法是一种模拟进化算法。该算法借助蚁群的运动过程而设计，蚂蚁在运动过程中会留下信息素，蚁群集中的地方信息素的浓度较强，如蚂蚁的家或者食物附近，这些信息素会给蚂蚁出去觅食等运动过程提供依据。在选择路径时，蚂蚁往往会根据信息素的浓度选择方向，信息素浓度越高的路径被选择的概率越大，因而蚂蚁的运动具有一定的惯性，蚂蚁总会依据一定的概率去选择路径。若干只蚂蚁构成蚁群算法的解空间，每只蚂蚁的行走路径就是一个可行解。由于蚂蚁运动的群体行为，路径上的信息素会有所差异，通过对这些信息素不断搜索和识别，使得算法的结果不断接近优化目标。蚁群算法是一种概率算法，算法中的参数设定通常由人为经验确定，算法的优化性能容易受到人为经验的影响，但该算法具有很强的搜索能力。张勇[16]、李杰等[17]、侯宇超等[18]将经典蚁群算法进行了改进，并应用到了配送路径优化中。

3）粒子群算法

粒子群算法是根据生物界鸟群的飞行运动和聚集行为设计的一种智能随机搜索算法。粒子群算法的原理是利用自然界中生物的群体行为规律，通过计算机构建其群体模型，从而应用到实际问题的求解中。在粒子群算法中，问题的所有潜在解构成搜索空间，搜索空间上的一个点为问题的一个可行解，称为粒子。根据目标函数可以计算出每一个粒子的适应值，同时每个粒子依据当前最优粒子的飞行状态确定自己的运动方向，从而在解空间内不断朝着目标进行优化搜索，最终找到全局最优解。粒子群算法的优势在于简单、计算方便、参数少，搜索过程采用并行计算、收敛速度快。余成等[19]将加速因子和惯性权重联系起来，设计了具有较高收敛精度的改进粒子群算法来求解车辆配送路径优化模型。

4）模拟退火算法

模拟退火算法的基本流程：首先对整个搜索空间内的每一个点都给予一定的能量，能量的高低表示解的优劣；其次从整个搜索空间中随机选取一个点作为初始点；最后在初始点的周边继续进行搜索，从而选择出该区域内的最优解。以此类推，完成对整个解空间的搜索，进而找到全局最优解。田昀等[20]运用模拟退火算法求解物流配送路径优化问题，搜索过程引入了随机因素，使得算法以一定的概率来接受一个比当前解差的解。因此，算法有可能会跳出局部的最优解，达到全局最优解。

6.2.2　求解算法选取

随着实际配送网络的扩大，配送中节点信息的增加，精确算法虽然能够得出精确最优解，但求解速度较慢；而启发式算法在网络复杂、数据较多时可以借助计算机仿真实现优化，从而加快计算速度，并且启发式算法可以设置算法参数并多次运行，得到问题的近似最优解且使结果处于稳定状态。对于大规模复杂问题，现实中需要在短时间内求得满意解。通过对车辆路径优化问题求解算法的介绍可知，目前使用较多的智能启发式算法有遗传算法、蚁群算法、粒子群算法和模拟退火算法等，表 6-2 对这四类算法的优缺点进行了比较。

表 6-2　智能启发式算法的优缺点

算法名称	优点	缺点
遗传算法	每次迭代都会对种群中的个体进行评估，搜索范围广，易于找到全局较优解，自适应性强，根据参数设置算法能够自行组织搜索	搜索速度较慢，要得到较精确的解需要较长的搜索时间
蚁群算法	具有较强的鲁棒性，易于实现并行计算，在搜索过程中不需要进行人工调整，算法的求解结果不依赖初始路线的选择	初始信息素缺乏使得算法需要较长的搜索时间，容易出现停滞现象，个体只能感知局部信息，不能直接利用全局信息
粒子群算法	原理简单，参数少，搜索过程采用并行计算，收敛速度快	易陷入局部最优
模拟退火算法	不易陷入局部最优，鲁棒性强	初始温度高，算法所需的搜索计算时间较长

通过算法优缺点的对比可以得出，遗传算法在每一次迭代中能够对种群中的个体进行评估，搜索范围广，并且易于找到全局较优解；同时具有自适应性，根据选择概率和交叉概率，算法能够自行组织搜索，适应值大的个体能够有较大的概率保存下来，从而使得搜索结果不断朝着最优的方向进行。蚁群算法和粒子群算法容易陷入局部最优，模拟退火算法的计算速度较差。特别的，遗传算法适用于求解整数规划模型，而车辆路径优化问题中决策变量的取值为 0 或 1，因而，选取遗传算法求解车辆路径优化模型。

6.3　遗传算法概述

6.3.1　遗传算法的基本原理

遗传算法是由 Holland 于 1975 年提出，Jong 将其应用到函数组合优化领域，Goldberg 对遗传算法的框架进行了完善。目前，在算法设计和流程上已经成熟，并且衍生出了多种改进后的算法。遗传算法是启发式算法的一种，一直受到学者们的广泛关注和研究，已经在路径优化、生产调度、网络选址等领域得到了应用。

遗传算法在求解车辆路径优化问题时，算法的搜索范围由问题的可行解构成，该范围是算法的初始种群，初始种群的大小根据人为经验设置，每一条染色体代表一个可行解，对染色体编码就得到一条配送路径，染色体上的基因包括了所有节点，算法就是在这些可行解内寻找最优解。在寻优过程中，通过对比每条染色体的适应值来确定参与到下一代繁殖的染色体，将适应值大的个体保留下来，再进行选择、交叉和变异产生新的子代。这样，反复遗传直到达到迭代次数，最终求得最优路径。

6.3.2 遗传算法的特点

1）较强的并行计算能力

遗传算法不是对每一个个体单独进行搜索，而是在由多个个体组成的种群中进行搜索，在种群中进行遗传算子的操作。多次迭代不断产生新的子代种群，群体范围内的搜索能够加快寻优速度，也可以快速将不符合条件的解排除。

2）不易陷入局部最优

遗传算法的初始种群规模较大，包含的个体具有多样化，从而使算法能够在较大概率下找寻到问题最优解。

3）具有可扩展性

遗传算法易与其他算法综合使用，设计出混合算法。因此，具有较强的扩展性。

4）具有随机搜索性

遗传算法的搜索过程是随机的，交叉算子和变异算子的大小根据经验设置，随机选取需要交叉、变异的染色体，得到的解也是满足一定概率条件的最优解，随机搜索的特点也增强了算法的灵活性。

6.3.3 遗传算法的流程

综合以上对遗传算法的描述，遗传算法流程如图 6-2 所示。

本章首先介绍了车辆路径问题的相关理论，包括车辆路径优化问题的描述、构成要素和分类，从而加深对车辆路径优化问题的认识。其次对车辆路径优化问题求解算法进行了介绍并对各算法的优缺点进行了比较。最后对遗传算法做了深入介绍，主要包括遗传算法的基本原理、特点和算法流程。

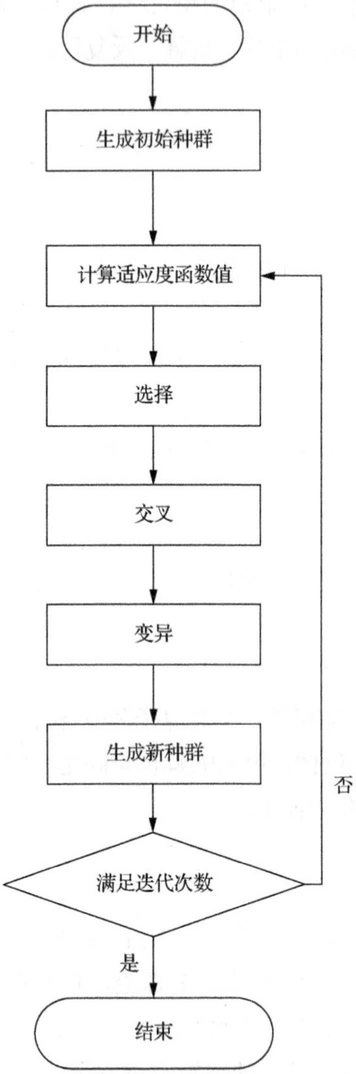

图 6-2　遗传算法流程图

参考文献

[1] DANTZIG G B, RAMSER J H. The truck dispatching problem[J]. Management Science, 1959, 6(1): 80-91.

[2] PSARAFTIS H N. Dynamic vehicle routing problems[J]. Vehicle Routing Methods & Studies, 1988, 23(8): 661-673.

[3] BERTSIMAS D J, RYZIN G V. A stochastic and dynamic vehicle routing problem in the euclidean plane[J]. Operations Research, 1991, 39(4): 601-615.

[4] BERTSIMAS D J, RYZIN G V. Stochastic and dynamic vehicle routing in the euclidean plane with multiple capacitated vehicles[J]. Operations Research, 1993, 41(1): 60-76.

[5] BERTSIMAS D J, SIMCHI L. A new generation of vehicle routing research: Robust algorithms, addressing uncertainty[J]. Operations Research, 1996, 44: 286-304.

[6] PSARAFTIS H N. Dynamic vehicle routing: Status and prospects[J]. Annals of Operations Research, 1995, 61(1): 143-164.

[7] GENDREAU M, POTVIN J. Dynamic Vehicle Routing and Dispatching[M]. Boston: Kluwer Academic Publishers, 1998.

[8] 张婷, 赖平仲, 何琴飞, 等. 基于实时信息的城市配送车辆动态路径优化[J]. 系统工程, 2015, 33(7): 58-64.

[9] 李妍峰, 高自友, 李军. 基于实时交通信息的城市动态网络车辆路径优化问题[J]. 系统工程理论与实践, 2013, 33(7): 1813-1819.

[10] 周鲜成, 王莉, 周开军, 等. 动态车辆路径问题的研究进展及发展趋势[J]. 控制与决策, 2019, 34(3): 449-458.

[11] 周慧, 周良, 丁秋林. 多目标动态车辆路径问题建模及优化[J]. 计算机科学, 2015, 42(6): 204-209.

[12] 金成, 闵嘉宁. 供应链物流配送路径优化节约算法改进研究[J]. 制造业自动化, 2014, 36(1): 86-89.

[13] 李远远, 刘彦, 刘光前. 车辆路径问题优化——基于改进节约算法[J]. 社会科学家, 2013(11): 76-79.

[14] 罗勇, 陈治亚. 基于改进遗传算法的物流配送路径优化[J]. 系统工程, 2012, 30(8): 118-122.

[15] 曹倩, 邵举平, 孙延安. 基于改进遗传算法的生鲜农产品多目标配送路径优化[J]. 工业工程, 2015, 18(1): 71-76.

[16] 张勇. 基于改进蚁群算法物流配送路径优化的研究[J]. 控制工程, 2015, 22(2): 252-256.

[17] 李杰, 赵旭东, 王玉霞. 面向电商终端物流配送路径优化的改进蚁群算法[J]. 制造业自动化, 2017, 39(10): 90-94.

[18] 侯宇超, 白艳萍, 胡红萍, 等. 基于精英蚁群算法的多目标生鲜配送路径优化研究[J]. 数学的实践与认识, 2018, 48(20): 50-57.

[19] 余成, 曹倩, 王世民. 关于物流系统车辆配送路径规划仿真[J]. 计算机仿真, 2016, 33(8): 359-364.

[20] 田昀, 梁海龙. 基于模拟退火算法的物流配送路径优化问题分析[J]. 交通科技与经济, 2013, 15(5): 85-88.

第 7 章　不确定时间的单车路径优化

在配送过程中，为了提高竞争力和客户满意度，物流企业期望找到一条稳定且耗时较短的配送路径。首先，本章以节点间的旅行时间和配送点的服务时间作为不确定变量，研究不确定时间的单车路径优化问题，以配送时间最短为优化目标。其次，基于不确定理论和方法，在期望的置信水平下建立不确定规划模型，将其转化为确定型模型，并给出模型求解的步骤。最后，通过仿真实验进行说明，并验证不确定变量分布状况假设的合理性。

7.1　不确定理论

Liu[1]在 2007 年提出不确定理论，给出了不确定测度、不确定变量、不确定分布和逆不确定分布的定义，将该理论不断完善以应用到车辆路径优化问题的求解中。

7.1.1　不确定理论相关定义及公理

不确定测度、不确定变量、不确定分布和逆不确定分布是不确定理论中的基本概念。路径问题的分析、模型建立和求解都围绕这些概念展开。

定义 7-1： 设T是一个非空集合，L是T上的σ代数，L中的每个元素Λ称为事件，如果一个从L到实数集 R 的集函数满足以下公理。

公理 7-1： 规范性，对于全集T，有$M\{T\}=1$；

公理 7-2： 对偶性，对于任意的事件Λ，有$M\{L\}+M\{\Lambda C\}=1$；

公理 7-3： 次可加性，对于可数的事件序列$\{\Lambda\}$，有$M\{\sum \Lambda i\}\leqslant \sum M\{\Lambda i\}$；则称$M$为不确定测度，可知$0\leqslant M\{\Lambda\}\leqslant 1$。

定义 7-2： 从不确定空间(T,L,M)到实数集 R 的可测函数ζ称为不确定变量，即对于任意的实数集B，集合

$$\{\zeta \in B\}=\{\gamma \in \Gamma \mid \zeta(\gamma)\in B\} \tag{7-1}$$

是L中的一个事件。

定义 7-3：对于不确定变量ζ，它的不确定分布定义为

$$\Phi(\alpha)=M\{\zeta\leqslant\alpha\},\forall\alpha\in\mathrm{R} \tag{7-2}$$

其反函数为不确定分布的逆分布，记为$\Phi^{-1}(\alpha)$。

7.1.2 三种常用的不确定分布

1. 线性不确定分布

若不确定变量ζ具有如下线性不确定分布函数：

$$\Phi(\alpha)=\begin{cases}0, & \alpha<a\\ (\alpha-a)/(b-a), & a\leqslant\alpha<b\\ 1, & \alpha\geqslant b\end{cases} \tag{7-3}$$

则称ζ为线性不确定变量，其中a、b为实数且$a<b$，其逆不确定分布为

$$\Phi^{-1}(\alpha)=(1-\alpha)a+\alpha b \tag{7-4}$$

2. 之字形不确定分布

若不确定变量ζ具有如下之字形不确定分布函数：

$$\Phi(\alpha)=\begin{cases}0, & \alpha<a\\ (\alpha-a)/2(b-a), & a\leqslant\alpha<b\\ (\alpha+c-2b)/2(c-b), & b\leqslant\alpha<c\\ 1, & \alpha\geqslant c\end{cases} \tag{7-5}$$

则称ζ为之字形不确定变量，其中a、b、c为实数且$a<b<c$，其逆不确定分布为

$$\Phi^{-1}(\alpha)=\begin{cases}(1-2\alpha)a+2\alpha b, & \alpha<0.5\\ 2(1-\alpha)b+(2\alpha-1)c, & \alpha\geqslant 0.5\end{cases} \tag{7-6}$$

3. 正态不确定分布

若不确定变量ζ具有如下正态不确定分布函数：

$$\Phi(x)=\left[1+\exp\left(\frac{\pi(e-x)}{\sqrt{3}\sigma}\right)\right]^{-1},\quad x\in\mathrm{R} \tag{7-7}$$

则称ζ为正态不确定变量，其逆不确定分布为

$$\Phi^{-1}(x)=e+\frac{\sigma\sqrt{3}}{\pi}\ln\frac{\alpha}{1-\alpha} \tag{7-8}$$

7.1.3　不确定理论应用研究现状

国内外学者对不确定车辆路径优化问题的研究通常采用概率论、模糊数学、动态规划等理论，应用这些理论能够对不确定因素进行预测，但同时需要大量的样本数据且样本能够较好地反映整体趋势。现实中不确定时间、需求量等信息往往缺乏足够历史数据的支持，这类不确定信息可以依靠经验数据或专家意见预测其发生的可能性。

Liu[1]在 2007 年创立了不确定理论，在没有历史数据或实验数据而只能依靠专家经验数据的非精确信息的情况下，可利用该理论进行决策。之后不确定理论被不断完善，研究人员提出了不确定测度、不确定变量和不确定分布等概念。文献[2]和[3]将不确定理论应用于实际，提出应用该理论可以解决一些实际问题。同时，Liu[4]将不确定理论引入到网络优化问题的研究中，不确定测度[5-8]、不确定变量[9]、不确定规划[10-12]也随之得到更多应用。Zhang 等[13]针对中国邮路问题进行研究，并建立了该问题的不确定规划模型。Gao[14]研究了不确定条件下的最短路问题，提出了最大测度最短路和 α 最短路两种策略寻求最短路径。盛玉红[15]将不确定变量与随机变量相结合，研究了不确定随机网络下的最短路、最小生成树和最大流问题。麻存瑞等[16]建立了不确定旅行商问题的数学模型，并对模型进行了鲁棒优化，鲁棒优化是一种含有不确定输入的优化问题的建模方法，采用事先分析的策略，突破了传统优化方法对不确定数据过多依赖先验知识和服从概率分布的假定，设计了单亲遗传算法对模型进行求解，最后的算例结果得到了较好的鲁棒解，也验证了模型和算法的有效性。王敏[17]研究了货物配送过程中的不确定最短路问题，基于不确定理论，建立了不确定期望最短路模型。寇春蕾[18]对资源量限制下的模糊随机指派问题进行分析，利用不确定理论，分别建立了期望值模型和机会约束模型。突发事件的发生有较高的不确定性，突发事件下物资配送过程中也存在较多不确定信息，同时对物资配送的时效性有更高的要求。宋鹂影[19]将不确定理论应用于应急物流的配送中，考虑了物资需求量和运输时间两个不确定变量，以总运输时间为优化目标，在单出救中心和多出救中心下分别建立应急物资配送模型，并设计算法求解出较优路径。

7.2　单车路径优化建模和求解

7.2.1　单车路径优化问题描述及基本假设

某配送中心负责多个配送点的物流配送服务，假设该配送中心有一辆车，该车从配送中心开始，需要服务所有配送点，完成送货任务后再回到配送中心。此过程中如何合理设计配送线路，使得配送时间最短是本节要解决的问题。实际的配送过程中会遇到堵车、天气变化、车辆故障等情况，并且这些情况发生的时间、地点等不确定，而这些不确定因素会导致旅行时间的不确定。同时，客户需求量的不确定会导致配送点的送货量也不确定。假设每件货的处理时间恒定，那么需求量越多，车辆在配送点的服务时间越长。因此，不确定的客户需求量会导致车辆在配送点的服务时间不确定，而配送时间由旅行时间和服务时间构成，从而使得车辆在整条路径上的配送时间不确定。用户在选择配送路径时，考虑旅行时间和服务时间两种不确定因素，从而合理安排配送线路。为了便于描述和建模，特给出符号说明和基本假设。

1. 符号说明

$V=\left(V_0,V_1,\cdots,V_n\right)$：配送网络中所有节点的集合；

V_0：配送中心；

$V'=\left(V_1,V_2,\cdots,V_n\right)$：$n$ 个配送点的集合；

ω_{ij}：节点 i 到 j 的不确定旅行时间；

φ_{ij}：旅行时间的不确定分布；

α：旅行时间的期望置信水平；

t_{ij}：在期望置信水平下的节点 i 到 j 的旅行时间；

d_{ij}：节点 i 到 j 的距离；

ζ_i：n 个配送点的不确定需求量；

ψ_i：需求量的不确定分布；

β：配送点需求量的期望置信水平；

q_i：表示在需求量期望置信水平下配送点的需求量；

t_s：在配送点处理一件货物的平均服务时间；

t_j：车辆到达配送节点 j 的时间；

x_{ij}：车辆从节点 V_i 行驶到 V_j 的决策变量，取值为 1 或者 0。当 $x_{ij}=1\left(i\neq j\right)$ 时，说明车辆从节点 V_i 行驶到 V_j，否则 $x_{ij}=0$。

2. 基本假设

由于交通状况和客户需求等信息复杂多变，实际配送过程会同时受到较多因素的限制，为了方便建立问题的数学模型和求解，特做出如下假设。

假设 7-1： 配送中心和配送点的地理位置信息已知。

假设 7-2： 配送网络为无向图，各节点之间路径互相连通。

假设 7-3：不考虑车辆承载质量的限制，即车辆的承载质量大于所有配送点的需求量之和。

假设 7-4：一个配送点只能被服务一次。

假设 7-5：配送车辆的旅行时间是一个变量，并服从线性或之字形不确定分布。

假设 7-6：配送点的需求量是一个变量，并服从之字形不确定分布。

7.2.2 单车路径优化模型构建及求解

1. 模型建立

配送网络是一个不确定无向加权网络，旅行时间和配送点的需求量都是不确定变量，并服从某一类不确定分布，且各不确定变量之间相互独立，给定旅行时间置信水平 α 和需求量置信水平 β，单车路径问题的不确定规划模型如下：

$$\min T = \sum_{i,j \in V} x_{ij} t_{ij} + \sum_{i=1}^{n} q_i t_s \tag{7-9a}$$

$$\text{s.t.}\ M\left\{\sum_{i,j \in V} x_{ij}\omega_{ij} \leqslant t_{ij}\right\} \geqslant \alpha \tag{7-9b}$$

$$M\left\{\sum_{i \in V'} x_i \zeta_i \leqslant q_i\right\} \geqslant \beta \tag{7-9c}$$

$$\sum_{j=1}^{n} x_{0j} = \sum_{j=1}^{n} x_{j0} = 1 \tag{7-9d}$$

$$\sum_{i \in V} x_{ij} = \sum_{j \in V} x_{ij} = 1 \qquad \forall i \in V,\ j \in V, i \neq j \tag{7-9e}$$

$$\sum_{i \in s}\sum_{j \in s} x_{ij} \leqslant s-1 \qquad \forall s \in V, 2 \leqslant |s| \leqslant n-1 \tag{7-9f}$$

$$x_{ij} \in \{0,1\} \qquad i,j \in V \tag{7-9g}$$

模型中的目标函数是使配送时间最小，包括路径的旅行时间与服务时间之和；约束条件（7-9b）表示路径在置信水平 α 约束下的不确定旅行时间；约束（7-9c）表示置信水平 β 约束下的配送点需求量；约束（7-9d）表示车辆的起点和终点都是配送中心；约束（7-9e）保证车辆在每个节点只能经过一次，且每个节点都要被服务；约束（7-9f）表示车辆行驶路径限制，不能出现子回路，其中 s 表示从网络中任意选择的一个节点集合；约束（7-9g）表示决策变量的取值范围。

由模型假设知 ω_{ij} 为不确定变量，根据不确定分布的定义 7-3，约束条件（7-9b）可转化为

$$\varphi_{ij}(t_{ij}) \geqslant \alpha \tag{7-10}$$

同理，约束条件（7-9c）可以转化为

$$\psi_i(q_i) \geqslant \beta \tag{7-11}$$

进一步利用不确定变量逆分布的定义 7-3，式（7-10）可转化为

$$\varphi^{-1}_{ij}(\alpha) \leqslant t_{ij} \tag{7-12}$$

同理，式（7-11）可转化为

$$\psi^{-1}_{ij}(\beta) \leqslant q_i \tag{7-13}$$

2. 模型求解

模型（7-9）中包括了两个不确定变量，需要对模型进行求解。通过估计这两个不确定变量所服从的不确定分布，进而利用不确定理论得出其逆不确定分布。此时，可以引用 Liu[8]提出的 99 表算法来求解逆分布。为了简化计算，假设不确定变量服从常用的不确定分布，具体求解步骤如下。

步骤 1：假设不确定旅行时间服从线性不确定分布或之字形不确定分布，不确定需求量服从之字形不确定分布。尽管现实中节点之间的旅行时间不确定，但可以根据经验或专家意见预测出其大致趋势。一般而言，所选路径的可信度越强，所要花费的旅行时间越长，即旅行时间与置信水平呈递增关系。同时，车辆在配送过程中，配送点的需求量可能会增加，也可能会临时减少订货量。把握程度越高，对需求量的预测准确度越大，即需求量与置信水平也呈递增关系。常用的不确定分布有线性不确定分布和之字形不确定分布，且这两类分布的不确定分布函数值随置信水平的增大而增大。因此，假设旅行时间服从线性不确定分布或之字形不确定分布，需求量服从之字形不确定分布。

步骤 2：计算逆分布的值。给出期望的旅行时间置信水平 α 和需求量置信水平 β，计算不确定旅行时间的逆分布和不确定需求量的逆分布，即在期望置信水平下将不确定变量转化为确定的值，进而将不确定模型转化为确定型模型。

步骤 3：利用计算机优化求解模型，找到配送时间最短的路径。针对车辆路径优化问题，将不确定规划模型等价转化为整数规划模型，再借助 Lingo 计算机编程求解模型。

7.3　单车路径优化算例分析

7.3.1　单车路径优化算例描述

配送网络中有一个配送中心（编号为 0）和四个配送点（编号为 1～4），一辆车从配送中心出发，前往这四个配送点送货，完成后返回到配送中心，此过程中寻求配送时间最短的路径。一件货物的服务时间平均为 3min，配送过程中节点之

间的旅行时间不确定。$Z(a,b,c)$表示不确定变量服从之字形不确定分布，$L(a,b)$表示不确定变量服从线性不确定分布，根据经验数据可以预测出旅行时间的趋势，所服从的线性不确定分布或之字形不确定分布状况如表 7-1 所示。

表 7-1　旅行时间的不确定分布状况

ω_{ij}/min	不确定分布	ω_{ij}/min	不确定分布
ω_{01}	$Z(9,10,13)$	ω_{13}	$L(14,16)$
ω_{02}	$Z(11,14,15)$	ω_{14}	$Z(14,16,17)$
ω_{03}	$Z(7,9,10)$	ω_{23}	$Z(8,11,13)$
ω_{04}	$Z(12,15,16)$	ω_{24}	$L(11,14)$
ω_{12}	$L(8,13)$	ω_{34}	$Z(9,12,14)$

配送点的订货量服从的之字形不确定分布，如表 7-2 所示。

表 7-2　配送点订货量的不确定分布状况

V_i	i=1	i=2	i=3	i=4
ζ_i	$Z(10,15,60)$	$Z(8,10,50)$	$Z(12,20,50)$	$Z(16,20,55)$

根据决策者对旅行时间所期望的可靠度确定α的取值，计算不确定旅行时间的逆不确定分布。假设$\alpha=0.95$，那么线性逆不确定分布的表达式为$\varphi^{-1}(0.95)=0.05a+0.95b$，之字形逆不确定分布表示为$\varphi^{-1}(0.95)=0.1b+0.9c$，置信水平为 0.95 时旅行时间的计算结果如表 7-3 所示。

表 7-3　0.95 置信水平下的旅行时间 t_{ij}　　（单位：min）

j	i				
	0	1	2	3	4
j=0	0	12.7	14.9	9.9	15.9
j=1	12.7	0	12.8	15.9	16.9
j=2	14.9	12.8	0	12.8	13.9
j=3	9.9	15.9	12.8	0	13.8
j=4	15.9	16.0	13.9	13.8	0

取需求量置信水平$\beta=0.90$，配送点的需求量所服从的之字形逆不确定分布可表示为$\varphi^{-1}(0.90)=0.2b+0.8c$，置信水平为 0.90 时配送点需求量的计算结果如表 7-4 所示。

表 7-4　0.90 置信水平下的需求量及服务时间

配送点 V_i	i=0	i=1	i=2	i=3	i=4
需求量/件	0	51	42	44	48
服务时间/min	0	153	126	132	144

7.3.2　单车路径优化结果及分析

利用 Lingo 求解网络中配送时间最短的配送路径。当 $\alpha = 0.95$ 时，Lingo 运行结果如下，决策变量的取值为 $X_{03} = 1$，$X_{10} = 1$，$X_{21} = 1$，$X_{34} = 1$，$X_{42} = 1$，得到配送时间最短的路径为 0→3→4→2→1→0，此时路径的总旅行时间为 63.1min。现将其他数值保持不变，选取不同的旅行时间置信水平，可以得到该数值下的配送路径和旅行时间，如表 7-5 所示。

表 7-5　不同旅行时间置信水平下的配送路径和旅行时间

α	配送路径	旅行时间/min
0.95	0→3→4→2→1→0	63.1
0.9	0→3→4→2→1→0	62
0.8	0→3→4→2→1→0	60
0.7	0→3→4→2→1→0	58
0.6	0→3→4→2→1→0	56
0.5	0→3→4→2→1→0	53.3
0.4	0→1→2→4→3→0	52
0.3	0→1→2→4→3→0	50
0.2	0→1→2→4→3→0	45.6

根据表 7-5 可以得到，旅行时间与置信水平的关系如图 7-1 所示。

由图 7-1 可知，期望的旅行时间的置信水平越高，车辆配送花费的旅行时间越长，也验证了步骤 1 中对旅行时间所服从的不确定分布的假设。在配送过程中，不同状况下对需求量与旅行时间的期望度不同。因此，决策者可以根据实际配送状况选取旅行时间置信水平和需求量置信水平的不同组合，从而得出符合实际要求的配送路径。

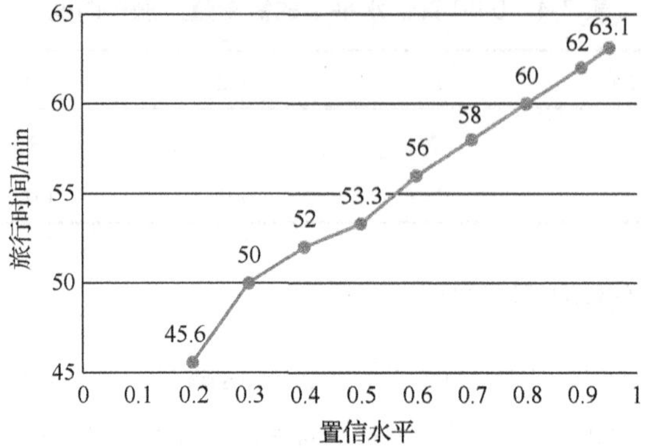

图 7-1　旅行时间与置信水平的关系

本章首先介绍了不确定理论，包括不确定测度、不确定变量、不确定分布和逆不确定分布的概念，以及三种常用的不确定分布。其次，针对实际物流配送中时间不确定的状况，基于不确定理论，研究以配送时间最短为优化目标的车辆路径优化问题。在期望的置信水平下建立了不确定规划模型，应用不确定理论将模型进行等价转化，并设计求解算法，最终得出最优配送路径。最后，给出的数值算例表明，该模型可以有效地帮助决策者选择在期望置信水平下的配送路径。本章研究的是单车路径问题，而实际配送中会同时安排多个车辆送货，该研究可为多车路径问题的研究提供基础。

参 考 文 献

[1] LIU B. Uncertainty Theory[M]. 2nd ed. Berlin: Springer-Verlag, 2007.

[2] LIU B. Theory and Practice of Uncertain Programming[M]. Berlin: Springer-Verlag, 2009.

[3] 彭锦, 刘宝碇. 不确定规划的研究现状及其发展前景[J]. 运筹与管理, 2002, 11(2): 1-10.

[4] LIU B. Uncertainty Theory: A Branch of Mathematics for Modeling Human Uncertainty[M]. Berlin: Springer-Verlag, 2010.

[5] 高欣. 不确定测度及其应用[D]. 北京: 清华大学, 2009.

[6] PENG Z, IWAMURA K. A sufficient and necessary condition of uncertainty distribution[J]. Journal of Interdisciplinary Mathematics, 2010, 13(3): 277-285.

[7] ZHANG Z. Some discussions on uncertain measure[J]. Fuzzy Optimization and Decision Making, 2011, 10(1): 31-43.

[8] LIU B. Some research problems in uncertainty theory[J]. Journal of Uncertain Systems, 2009, 3(1): 3-10.

[9] DAI W, CHEN X. Entropy of function of uncertain variables[J]. Mathematical and Computer Modelling, 2012, 55(3-4): 754-760.

[10] 焦登娅. 车辆调度问题的不确定规划模型[D]. 北京: 清华大学, 2015.

[11] LIU J, NING Y, YU X. Reverse logistics network in uncertain environment[J]. Information, 2013, 16(2A): 1243-1248.

[12] PENG J, ZHANG B, LI S. Towards uncertain network optimization[J]. Journal of Uncertainty Analysis and Applications, 2015, 3(1): 1-19.

[13] ZHANG B, PENG J. Uncertain programming model for Chinese postman problem with uncertain weights[J]. Industrial Engineering & Management Systems, 2012, 11(1): 18-25.

[14] GAO Y. Shortest path problem with uncertain arc lengths[J]. Computers & Mathematics with Applications, 2011, 62(6): 2591-2600.

[15] 盛玉红. 不确定随机网络优化[D]. 北京: 清华大学, 2015.

[16] 麻存瑞, 马昌喜. 不确定旅行商问题的鲁棒模型与算法[J]. 计算机应用, 2014, 34(7): 2090-2092, 2098.

[17] 王敏. 基于不确定理论的货物配送问题和闭环物流网络优化的研究[D]. 聊城: 聊城大学, 2014.

[18] 寇春蕾. 双重不确定环境中的指派问题及算法研究[D]. 唐山: 华北理工大学, 2016.

[19] 宋鹂影. 基于不确定理论的应急物资配送问题研究[D]. 北京: 北京科技大学, 2018.

第 8 章　带时间窗的不确定时间多车路径优化

在单车路径优化的基础上，将配送网络上的车辆数量扩展到多个车辆的情形，使得模型更加符合实际配送状况。基于此，研究配送点之间旅行时间不确定下的多车配送路径优化问题，考虑客户时间窗要求和车辆承载质量限制，以配送成本为优化目的，运用不确定理论，在期望的时间置信水平下建立车辆路径不确定规划模型，采用遗传算法进行模型求解，并通过数值算例分析并验证模型和算法的有效性。

8.1　多车路径优化建模和求解

针对不确定信息，大多数研究采用概率论、模糊机会理论将其处理成服从一定概率分布的随机变量、模糊变量，再对问题建立模型并进行求解。实际配送过程中不确定信息主要有两类，一类是交通状况、天气、车辆故障等因素导致的时间不确定，其中包括节点间的旅行时间、配送点的服务时长、客户时间窗等的不确定；另一类是需求的不确定，包括需求节点的增减、客户需求量的变化等。目前，这两类不确定因素下的配送路径选择优化问题已取得了一定进展。

李相勇等[1]研究了物流节点之间的旅行时间、客户节点的服务时间和顾客时间窗都作为随机变量下的路径优化问题，假设这三个随机变量分别服从某种概率分布，首先建立该问题的机会约束模型，再对模型进行修正得出问题的随机规划模型。曹庆奎等[2]、闫芳等[3]和王君[4]将客户时间窗进行模糊处理，同时考虑交通流对车辆行驶速度的影响，以配送成本和客户满意度为优化目标建立了多模糊时间窗路径优化模型。针对需求不确定因素，张文博等[5]针对动态需求下的带时间窗车辆路径问题，提出初始阶段和动态阶段的两阶段优化策略，进而寻找出最优路径方案。邓烨等[6]将客户需求量作为随机变量，研究在此条件下的带时间窗的车辆路径优化问题，建立机会约束与整数规划混合的数学模型，设计混合进化算法并提出提前预测与实时反馈的路径优化策略。配送过程中不仅有配送点需求量的动态变化，还存在配送点的动态增减情况，张景玲等[7]针对此不确定状况下的多车型开放式路径优化问题进行了探讨，并制定了提前预测与实时路径动态调整的策略。同时也有学者讨论了需求与时间同时不确定下的路径优化问题。吴攀峰等[8]以超市日需求量和车辆道路行驶时间作为不确定变量，研究了超市物流配送路径优化问题，建立不确定机会约束模型，对模型进行等价转化并设计算法进行求解，最终找出路径。

8.1.1　多车路径优化问题描述及基本假设

配送网络中有一个配送中心，该配送中心需要完成多个配送点的物流服务，每个配送点都有时间窗要求，该配送中心有多辆车且每辆车都有承载质量的限制，每一辆车都从该配送中心出发，服务完所有配送点后回到该配送中心，每辆车所经历的配送点的物流需求总和不能超过该车辆的承载质量限制。同时，每个配送点只能被一辆车服务，最终使得所有配送网点的需求都被满足。由于实际配送过程存在不确定状况，车辆在节点之间的旅行时间和到达配送点的时间都是不确定的。本章基于时间不确定性，考虑如何安排车辆配送路线，使得配送成本较低，并满足客户的要求。为了便于描述和建模方便，特给出符号说明、基本假设和目标函数组成。

1. 符号说明

$V=(V_0,V_1,\cdots,V_n)$：配送网络中所有节点的集合；

V_0：配送中心；

$V'=(V_1,V_2,\cdots,V_n)$：n 个配送点的集合；

ω_{ij}：节点 i 到 j 的不确定旅行时间；

φ_{ij}：旅行时间的不确定分布；

α：旅行时间的期望置信水平；

t_{ij}：在期望置信水平下的节点 i 到 j 的旅行时间；

d_{ij}：节点 i 到 j 的距离；

c：车辆单位距离的运输成本；

q_i：配送点的需求量；

$[a_i,b_i]$：配送点顾客需求的时间窗；

a_i：顾客期望的最早送达时间；

b_i：顾客所能容忍的最晚送达时间；

t_s：在配送点处理一件货物的平均服务时间；

t_j：车辆到达配送节点 j 的时间；

M：配送中心车辆数；

$k'=\{k_i\,|\,i=1,2,\cdots,m\}$：配送车辆的集合；

Q：每辆车的承载质量；

x_{ik}：车辆k为节点V_i服务，是一个决策变量，$x_{ik}=1$，说明车辆k服务于配送点V_i，否则$x_{ik}=0$；

y_{ijk}：车辆k从节点V_i行驶到V_j，也是决策变量，取值为 1 或者 0。当$y_{ijk}=1(i\neq j)$时，说明车辆k从节点V_i行驶到V_j，否则$y_{ijk}=0$。

2. 基本假设

对于配送时间不确定下多车路径优化问题，路径选择时需对各种已知信息和约束限制进行合理规划，确保配送总成本最小。为了研究方便，使问题易于抽象成数学模型，对本章模型提出如下假设。

假设 8-1：配送中心和配送点的地理位置信息已知。

假设 8-2：配送车辆的大小、体积和型号等都相同，承载质量相同且容量有限。

假设 8-3：每一条配送路径上所有配送点的需求量之和不超过车辆的最大承载质量。

假设 8-4：所有配送点都要被服务，不能遗漏，但每个配送点只能由一辆车提供服务且只服务一次。

假设 8-5：所有配送车辆的旅行时间是不确定变量，并服从正态不确定分布。

假设 8-6：配送中心不存在缺货的情况。

3. 目标函数组成

不确定旅行时间下的多车路径优化问题以总成本最小为优化目标，包括车辆运输成本和惩罚成本。

1）车辆运输成本

车辆运输成本与配送车辆行驶距离密切相关，且行驶距离越长，车辆运输成本越高，可表示为

$$C_1=\sum_{i\in V}\sum_{j\in V}\sum_{k\in k'}cy_{ijk}d_{ij} \tag{8-1}$$

2）惩罚成本

利用罚函数的思想处理时间窗约束，若车辆到达配送点的时间早于时间a_i，则配送员需要等待，从而延长配送时间；若车辆到达配送点的时间晚于b_i，则顾客需要等待，客户满意度降低。因此，早到和晚到都会导致成本的增加，设单位惩罚成本分别为e_1和e_2，违反时间窗的惩罚成本可表示为

$$C_2=e_1\sum_{i\in V'}\max(a_i-t_i,0)+e_2\sum_{i\in V'}\max(t_i-b_i,0) \tag{8-2}$$

8.1.2　多车路径优化模型构建及求解

1. 模型建立

约束条件中，配送点之间的旅行时间是不确定变量，各个不确定旅行时间之间相互独立，且必须在不确定变量实现之前做出决策。带时间窗的多车路径优化问题可用不确定规划解决，给不确定变量一个期望的置信水平，从而根据变量的分布状况指导决策，模型如下：

$$\min C = \sum_{i\in V}\sum_{j\in V}\sum_{k\in k'} c y_{ijk} d_{ij} + e_1 \sum_{i\in V'} \max(a_i - t_i, 0) + e_2 \sum_{i\in V'} \max(t_i - b_i, 0) \tag{8-3a}$$

$$\text{s.t.}\quad M\left\{\omega_{ij} \leqslant t_{ij}\right\} \geqslant \alpha \qquad \forall i, j \in V \tag{8-3b}$$

$$\sum_{j\in V'} y_{0jk} = \sum_{i\in V'} y_{i0k} = m \qquad \forall k \in k' \tag{8-3c}$$

$$\sum_{i\in V'} x_{ik} q_i \leqslant Q \qquad \forall k \in k' \tag{8-3d}$$

$$\sum_{i\in V'} y_{ijk} - \sum_{j\in V'} y_{jik} = 0 \qquad i \neq j, \forall k \in k' \tag{8-3e}$$

$$a_i \leqslant t_i \leqslant b_i \qquad \forall i \in V' \tag{8-3f}$$

$$x_{ik} = (0,1) \qquad \forall i \in V',\ k \in K \tag{8-3g}$$

$$y_{ijk} = (0,1) \qquad \forall i, j \in V, k \in K \tag{8-3h}$$

模型中的目标函数是使总成本最小，包括车辆的运输成本和惩罚成本；约束（8-3b）表示车辆在节点之间旅行时间的分布状况；约束（8-3c）表示车辆数量守恒，即从配送中心出发的车辆数与最终回到配送中心的车辆数量相等；约束（8-3d）表示车辆所在路径上配送点的需求总和不能超出车辆容量限制；约束（8-3e）表示每个配送点经过且只经过一次，配送点不能被重复服务；约束（8-3f）表示配送点时间窗限制；约束（8-3g）和约束（8-3h）表示决策变量的取值范围。

根据不确定分布的定义 7-3，约束条件（8-3b）可转化为

$$\varphi_{ij}(t_{ij}) \geqslant \alpha \tag{8-4}$$

进一步利用不确定变量逆分布的定义 7-3，式（8-4）可继续转化为

$$\varphi^{-1}_{ij}(\alpha) \leqslant t_{ij} \tag{8-5}$$

2. 模型求解

模型（8-3）中含有不确定变量，需要对模型进行求解。首先，需要估计不确定变量所服从的分布状况，进而利用不确定理论得出其逆不确定分布。其次，引用 Liu[9]提出的 99 表算法求解逆分布。为了简化计算，假设不确定旅行时间服从正态不确定分布，具体计算步骤如下。

步骤 1：假设不确定旅行时间服从正态不确定分布。尽管现实中节点之间的旅行时间是不确定的，但可以根据经验或专家意见预测出其大致趋势，一般而言，所选路径的可信度越强，所要花费的旅行时间越长，即旅行时间与置信水平呈递增关系。

步骤 2：计算逆分布的值。给出期望的旅行时间置信水平α，计算不确定旅行时间的逆分布$\varphi_{ij}^{-1}(\alpha)$，即在期望置信水平下将不确定变量转化为确定的值。

步骤 3：遗传算法设计。

1）染色体编码

本算法采用自然数编码，配送点编号为$1,2,\cdots,n$，将其随机排列生成一条配送点染色体，再对每个配送点安排一辆车，车辆编号为$1,2,\cdots,m$，生成一条车辆染色体。以 3 辆车 9 个配送点为例，随机生成 3 辆车 9 个配送点的染色体编码如图 8-1 所示。

1	2	3	4	5	6	7	8	9

1	2	2	1	3	1	2	3	3

图 8-1　3 辆车 9 个配送点的染色体编码示例

由图 8-1 可知，车辆 1 的配送路径为 1→4→6，车辆 2 的路径为 2→3→7，车辆 3 的路径为 5→8→9。

2）生成初始种群

初始种群的规模为S，其中包括N条染色体。将n个配送点进行随机排列，首先，给车辆 1 分配其所要服务的配送点，同时考虑要满足车辆的承载质量限制和配送点的时间窗要求，从而生成车辆 1 的配送路径。剔除掉车辆 1 服务的配送点后，在剩下的配送点中按照同样的方法得出车辆 2 的配送路径，直到所有配送点都被服务，从而得到第 1 条车辆染色体。再重复以上操作生成N条染色体构成初始种群。

3）选择操作

遗传算法中利用适应度函数来评估一个个体解，该模型以配送成本作为目标函数，寻找成本最小的路径，将模型进行标准化处理，选取目标函数的倒数作为适应度函数。选择操作是从父代种群中选择要参与到下一代遗传进化的子代，选取的标准是比较染色体的适应值，将适应能力强的优良染色体保留下来，同时也会加快算法的收敛速度。采用精英法和轮盘赌法进行选择操作，根据适应值的大小，采用精英法选取适应值最大的个体直接保留到下一代，再利用轮盘赌法选择其他的父代染色体进入下一代。

4）交叉操作

交叉操作是从种群中选取两条不同的染色体，再根据设计好的交叉方式进行染色体上基因的交换，交叉完后会产生新的染色体。随机交叉方式过程如下：选择两条染色体 X_1 和 Y_1，在染色体上随机产生两个交叉点，并将两个交叉点之间的基因移动到另一条染色体的头部，再将编号相同的基因删掉，交叉完后产生新的染色体 X_2 和 Y_2，具体示例如下，第三到第五个位置为交叉区域。

交叉前：		交叉后：	
X_1	123765849	X_2	468123759
Y_1	124685793	Y_2	376124859

5）变异操作

变异操作能够保证种群的多样性，避免过早收敛。变异操作采用互换规则，从种群中选取一条染色体，随机在该染色体上选取两个基因，将其进行交换。

6）算法终止

经过一次迭代后，算法产生新的种群作为下次迭代的父代。随着遗传算法的进行，种族的基因差异会趋于一致，并且满足迭代次数，算法终止；否则，返回选择操作继续迭代，直到达到迭代次数后算法终止，得到较优的配送路径。

8.2　多车路径优化算例分析

8.2.1　多车路径优化算例描述

配送中心负责 15 个客户节点的配送任务，节点之间的旅行时间服从正态不确定分布，即 $t_{ij} \sim N(d_{ij}/50, 0.2)$，取置信水平 $\alpha = 0.95$，节点之间的旅行时间如表 8-1 所示。配送中心有 6 辆车，车的载货量都为 100 件，每件需求的平均服务时间是 2min，车辆单位距离运输成本 $c = 5元/\text{km}$，时间窗惩罚为 200min。各配送点的信息如表 8-2 所示，配送点之间的距离计算采用欧氏距离，距离矩阵如表 8-3 所示。根据以上数据，配送中心 6 辆车需要完成 15 个配送点的配送任务，同时考虑车辆的载货量限制和客户需求的时间窗要求，设计算法，安排这 6 辆车的配送路径，使得配送成本最低。

表 8-1　0.95 置信水平下节点之间的旅行时间 t_{ij}　　（单位：h）

j	i															
	0	1	2	3	4	5	6	7	8	9	10	11	12	13	14	15
0	0.0	1.7	0.7	2.6	0.7	2.1	2.1	1.9	2.3	2.7	1.5	1.8	2.3	2.3	1.5	3.1
1	1.7	0.0	1.3	1.3	1.2	0.6	0.5	1.8	1.1	1.2	0.6	0.6	2.0	1.1	1.3	1.7
2	0.7	1.3	0.0	2.1	0.6	1.6	1.7	1.4	1.7	2.2	1.0	1.4	1.9	2.1	1.0	2.6
3	2.6	1.3	2.1	0.0	2.2	0.8	1.3	1.7	0.6	0.4	1.3	1.7	1.5	2.0	1.5	0.6
4	0.7	1.2	0.6	2.2	0.0	1.7	1.5	1.8	1.9	2.2	1.0	1.2	2.3	1.8	1.3	2.7
5	2.1	0.6	1.6	0.8	1.7	0.0	0.6	1.7	0.8	0.7	0.8	1.0	1.8	1.4	1.3	1.2
6	2.1	0.5	1.7	1.3	1.5	0.6	0.0	2.1	1.2	1.1	0.9	0.6	2.2	0.9	1.6	1.5
7	1.9	1.8	1.4	1.7	1.8	1.7	2.1	0.0	1.3	1.9	1.4	2.2	0.6	2.8	0.7	2.1
8	2.3	1.1	1.7	0.6	1.9	0.8	1.2	1.3	0.0	0.7	1.0	1.5	1.3	2.0	1.1	1.0
9	2.7	1.2	2.2	0.4	2.2	0.7	1.1	1.9	0.7	0.0	1.3	1.5	1.8	1.7	1.6	0.6
10	1.5	0.6	1.0	1.3	1.0	0.8	0.9	1.4	1.0	1.3	0.0	0.9	1.7	1.5	0.9	1.8
11	1.8	0.6	1.4	1.7	1.2	1.0	0.6	2.2	1.5	1.5	0.9	0.0	2.4	0.8	1.6	2.0
12	2.3	2.0	1.9	1.5	2.3	1.8	2.2	0.6	1.3	1.8	1.7	2.4	0.0	3.0	1.1	1.9
13	2.3	1.1	2.1	2.0	1.8	1.4	0.9	2.8	2.0	1.7	1.5	0.8	3.0	0.0	2.2	2.1
14	1.5	1.3	1.0	1.5	1.3	1.3	1.6	0.7	1.1	1.6	0.9	1.6	1.1	2.2	0.0	2.0
15	3.1	1.7	2.6	0.6	2.7	1.2	1.5	2.1	1.0	0.6	1.8	2.0	1.9	2.1	2.0	0.0

表 8-2　各配送点的信息

配送点	x 坐标	y 坐标	需求量/件	服务时间/h	时间窗
0	0	0	0	0	[0:00,0:00]
1	39	70	41	1.4	[12:00,16:00]
2	22	15	42	1.4	[12:30,17:30]
3	97	79	27	0.9	[13:00,18:30]
4	6	28	18	0.6	[16:20,19:30]
5	62	79	50	1.7	[13:30,18:30]
6	42	88	33	1.1	[14:20,20:00]
7	86	3	47	1.6	[15:00,20:00]
8	77	61	31	1.0	[13:20,17:00]
9	88	91	25	0.8	[12:00,18:00]
10	45	50	35	1.2	[15:30,21:00]
11	20	80	43	1.4	[16:00,22:00]
12	110	10	24	0.8	[12:00,18:00]

续表

配送点	x 坐标	y 坐标	需求量/件	服务时间/h	时间窗
13	10	110	59	2.0	[13:00,17:20]
14	65	20	31	1.0	[13:00,18:00]
15	110	100	28	0.9	[13:40,18:20]

表 8-3　配送点之间的距离矩阵 d_{ij}

j	i															
	0	1	2	3	4	5	6	7	8	9	10	11	12	13	14	15
0	0	80	27	125	29	100	98	86	106	127	67	82	110	110	68	149
1	80	0	58	59	53	25	18	82	49	53	21	21	93	49	56	77
2	27	58	0	99	21	75	76	65	80	101	42	65	88	96	43	122
3	125	59	99	0	104	35	56	77	21	15	60	77	70	92	67	25
4	29	53	21	104	0	76	70	84	87	103	45	54	106	82	60	126
5	100	25	75	35	76	0	22	80	31	29	34	42	84	61	59	52
6	98	18	76	56	70	22	0	96	52	46	38	23	103	39	72	69
7	86	82	65	77	84	80	96	0	58	88	62	101	25	131	27	100
8	106	49	80	21	87	31	52	58	0	30	43	70	56	91	47	45
9	127	53	101	15	103	29	46	88	30	0	59	69	84	80	75	24
10	67	21	42	60	45	34	38	62	43	59	0	39	76	69	36	82
11	82	21	65	77	54	42	23	101	70	69	39	0	114	32	75	92
12	110	93	88	70	106	84	103	25	56	84	76	114	0	141	46	90
13	110	49	96	92	82	61	39	131	91	80	69	32	141	0	105	100
14	68	56	43	67	60	59	72	27	47	75	36	75	46	105	0	92
15	149	77	122	25	126	52	69	100	45	24	82	92	90	100	92	0

8.2.2　多车路径优化结果及分析

1. 遗传算法运算结果

利用 MATLAB 遗传工具箱进行仿真，算法参数如下：种群规模 $S=100$，迭代次数为 300 次，交叉概率 $p_c=0.8$，变异概率 $p_m=0.1$，算例计算 20 次。对运行结果统计分析可得，平均运行时间为 501.15s，总配送成本的平均值为 8040.05 元，平均行驶距离为 1551.85km。多车路径优化目标值收敛趋势如图 8-2 所示。

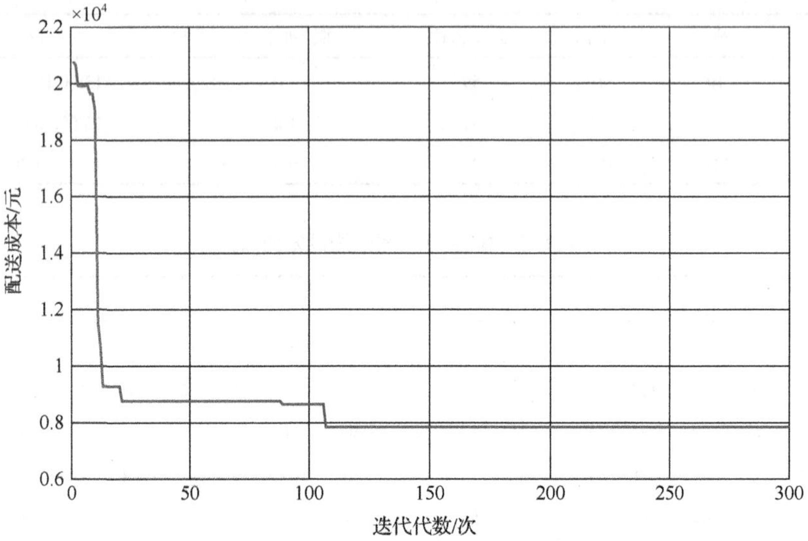

图 8-2　多车路径优化目标值收敛趋势图

迭代前期，曲线下降较快，遗传算法的搜索速度也较快，随着迭代次数的增加，曲线逐渐趋于平稳，最优解逐渐收敛。迭代 100 次以后，曲线稳定到某一固定水平，进而得到最优解。

遗传算法优化求得的最优配送路径结果如表 8-4 所示，此时总配送成本为 7579.8 元，其中惩罚成本为 407.8 元，总配送距离为 1434.4km。

表 8-4　遗传算法优化求得的最优配送路径结果

车辆	路径	配送距离/km	配送时间/h	车辆装载率/%
1	0→3→9→15→0	312.5	9.5	80.0
2	0→6→8→10→0	260.7	9.1	99.0
3	0→1→13→0	240.0	8.5	100.0
4	0→7→12→0	221.5	7.3	71.0
5	0→5→11→0	224.9	8.1	93.0
6	0→2→4→14→0	174.8	7.1	91.0

2. 扫描法分析

扫描法也是启发式算法之一，算法较为简单，目前应用于很多企业路径规划中。其原理是以配送中心作为原点，沿其水平方向画一条直线并按逆时针方向旋转，直到该直线与第 1 个配送点相交，如果此时没有满足车辆容量限制，则继续旋转到第 2 个配送点；如果满足车辆容量限制，则停止旋转；如果累计需求量超过车辆容量，则继续旋转寻找下一个满足的配送点。此时扫描过程中包含的配送点为第 1 辆车所要负责的配送区域。然后在剩余的配送点中按此方法进行扫描直到所有配送点都被服务。上述案例采用扫描法求解的最优配送路径结果如表 8-5 所示，此时总配送成本为 7849.6 元，其中惩罚成本为 2507.1 元，总配送距离为 1431.9km。

表 8-5　扫描法求解的最优配送路径结果

车辆	路径	配送距离/km	配送时间/h	车辆装载率/%
1	0→2→10→4→0	141.9	6.6	95.0
2	0→7→12→0	221.5	7.2	71.0
3	0→14→5→0	227.5	7.7	81.0
4	0→8→9→1→0	269.7	9.2	97.0
5	0→6→13→0	246.8	8.4	92.0
6	0→3→15→11→0	324.5	10.0	98.0

扫描法原理简单且易操作，注重节约运输里程，车辆的运输成本较低，但是没有充分考虑配送时间和满足客户时间窗要求。因此，会产生较高的惩罚成本，导致客户满意度较低；而遗传算法能够考虑时间窗要求，使得配送服务更加及时准确，但不能完全满足最短的运输距离。比较而言，扫描法适用于对时间要求不高的客户进行配送路径规划，遗传算法在配送成本上相较于扫描法节约了 269.8 元，且更能满足时间窗要求而达到全局最优解。

本章在不确定理论的框架下，研究了时间不确定下带时间窗的多车路径优化问题，建立了以配送成本最小为优化目标的不确定规划模型，并设计了求解算法进行求解。最后，给出数值例子，通过计算机仿真，运用遗传算法和扫描法分别求得配送路径，并将路径结果进行对比。实验表明，遗传算法得出的路径所花费的成本更低，并且能更加准确地满足客户对时间窗的要求。

参 考 文 献

[1] 李相勇, 田澎. 带时间窗和随机时间车辆路径问题: 模型和算法[J]. 系统工程理论与实践, 2009, 29(8): 81-90.

[2] 曹庆奎, 杨凯文, 任向阳, 等. 基于交通流的多模糊时间窗车辆路径优化[J]. 运筹与管理, 2018, 27(8): 20-26.

[3] 闫芳, 王媛媛. 多模糊时间窗车辆路径问题的建模及求解[J]. 交通运输系统工程与信息, 2016, 16(6): 182-188.

[4] 王君. 模糊时间窗 VRP 的动态规划和禁忌搜索混合算法[J]. 计算机工程与应用, 2014, 50(24): 58-64.

[5] 张文博, 苏秦, 程光路. 基于动态需求的带时间窗的车辆路径问题[J]. 工业工程与管理, 2016, 21(6): 68-74.

[6] 邓烨, 朱万红, 唐建. 随机需求有时间窗的路径优化及补救策略研究[J]. 计算机工程与应用, 2018, 54(11): 241-248, 253.

[7] 张景玲, 赵燕伟, 王海燕, 等. 多车型动态需求车辆路径问题建模及优化[J]. 计算机集成制造系统, 2010, 16(3): 543-550.

[8] 吴攀峰, 刘慧清, 彭锦. 带时间窗口的超市物流配送不确定规划模型[J]. 运筹与管理, 2015, 24(6): 58-64.

[9] LIU B. Some research problems in uncertainty theory[J]. Journal of Uncertain Systems, 2009, 3(1): 3-10.

第9章　不确定时间的多配送中心双目标路径优化

为了将货物及时快速地送达给客户，越来越多的物流企业在全国各大区域建立多个物流中心。多个配送中心需要共同完成区域内所有配送点的送货任务，并优化各配送路线，降低配送时间，从而提高配送的效率。在已有研究的基础上，本章主要研究不确定时间的多配送中心双目标路径优化问题。该问题考虑具有多个配送中心的情形，当车辆满足所有约束条件时，以配送时间和成本最少作为优化目标，建立车辆路径问题的双目标不确定规划模型，并对模型进行求解和算例验证。

9.1　多配送中心双目标路径优化建模

针对时间不确定问题，郭强等[1]研究了旅行时间作为随机变量下的车辆路径问题，建立机会约束模型。张涛等[2]研究了随机旅行时间及同时取送货下的 VRP。张建勇等[3]研究了旅行时间作为模糊变量的 VRP。张梦颖[4]分别研究了不确定需求、不确定客户及不确定旅行时间和服务时间三类不确定因素下的车辆路径优化问题，引入移除算子和插入算子，设计了自适应大规模邻域搜索算法求解模型。王淑云等[5]探讨了需求变动下的冷链物流带时间窗车辆路径优化问题，比较了需求确定性模型和需求随机性模型下路径和成本的差异，根据需求变动的幅度选择合适的模型指导决策，并给出降低需求不确定的对策。李阳等[6]、张晓楠等[7]研究了模糊需求下的车辆路径问题，利用三角模糊数对客户节点模糊需求量进行描述，建立模糊机会约束规划模型，在模型求解和验证中利用了两阶段算法。马向国等[8]将随机需求下的路径优化问题应用于冷链物流中。还有学者讨论了需求与时间同时不确定下的路径优化问题。王海军等[9]在应急物流的背景下，考虑应急物流需求量和运输时间的不确定性，利用机会约束的理论建立了配送选址-路径问题的随机规划模型，并利用遗传算法进行求解，最终得出配送路径。侯玲娟等[10]综合考虑配送点需求量和车辆行驶时间，假设两者都是随机变量且服从正态分布，建立随机规划模型，提出自适应遗传算法进行模型求解。目前为止，对于多配送中心情形车辆路径优化问题的研究内容较少。

9.1.1　多配送中心路径问题描述及基本假设

不确定时间下，多配送中心路径优化问题可描述为在某一区域建设了多个配送中心，且每个配送中心都有容量限制，其辐射范围内有多个配送点。每个配送中心由多辆车完成配送任务，每辆车的承载质量有限，配送点的需求都有时间窗。交通、天气等状况的不确定使得节点间的旅行时间不确定。本章基于时间的不确定性，研究如何合理安排配送路径，在完成所有配送任务的情况下，使得配送成本和时间整体较优。为了便于描述和建模，特给出符号说明和基本假设。

1. 符号说明

$A=\left\{p\middle|p=1,2,\cdots,m\right\}$：配送中心的集合，$p$ 表示配送中心，m 表示配送中心的数量；

$B=\{r|r=1,2,\cdots,n\}$：配送点的集合，r 表示配送点，n 表示配送点的数量；

$D=\{A\}\bigcup\{B\}$：配送网络中所有节点的集合；

Q_r：配送点的需求量；

Q_p：配送中心的容量；

ω_{ij}：节点 i 到 j 的不确定旅行时间；

φ_{ij}：旅行时间的不确定分布；

α：旅行时间的期望置信水平；

t_{ij}：在旅行时间期望置信水平下节点 i 到 j 的旅行时间；

$[E_r,L_r]$：配送点顾客需求的时间窗，其中 E_r 表示顾客期望的最早送达时间，L_r 表示顾客所能容忍的最晚送达时间；

t_r：车辆到达配送节点的时间；

d_{ij}：节点 i 到 j 的距离；

$V=\{k\,|\,k=1,2,\cdots,k\}$：配送车辆的集合，$k$ 表示车辆的数量；

C_t：车辆单位距离的运输成本；

C_k：每辆车的固定成本；

Q_k：每辆车的承载质量；

x_k：车辆 k 为配送点 r 服务；

y_{rp}：配送点 r 分配到配送中心 p 的配送区域；

z_{ijk}：车辆 k 从节点 i 行驶到节点 j。

2. 基本假设

为了研究方便，特作出以下基本假设。

假设 9-1：配送中心的位置信息已知，且每个配送中心的容量都有限。

假设 9-2：每个配送点地理位置和需求量已知，且一个配送点只能属于一个配送中心的配送范围。

假设 9-3：配送车辆有相同的容量限制，但车辆数量没有限制，每辆车只能属于一个配送中心。

假设 9-4：每一条配送路径上所有配送点的需求量之和不超过车辆的最大承载质量。

假设 9-5：所有配送点都要被服务，不能遗漏，但每个配送点只能由同一配送车辆提供服务且只服务一次。

假设 9-6：配送车辆由配送中心出发，完成配送任务后，必须返回配送中心。

假设 9-7：节点间的旅行时间是不确定变量，并服从正态不确定分布。

假设 9-8：配送点有时间窗约束，车辆没有在时间窗内完成配送就会产生惩罚成本。

9.1.2 目标函数分析及模型构建

1. 目标函数分析

以配送总成本和总时间作为优化目标，其中总成本包括车辆固定成本、车辆运输成本和惩罚成本，总时间是指所选路径节点之间的总旅行时间。

1）车辆固定成本

车辆固定运营成本为启动一辆车的成本，与配送点需求量相关，需求量越大，所需的车辆数量越多，因而产生更高的固定成本，表示如下：

$$C_1 = \sum_{k \in V} c_k x_k \tag{9-1}$$

2）车辆运输成本

车辆运输成本与配送行驶距离密切相关，且行驶距离越长，运输成本越高，可表示为

$$C_2 = \sum_{i \in D} \sum_{j \in D} \sum_{k \in V} c_t d_{ij} z_{ijk} \tag{9-2}$$

3）惩罚成本

利用罚函数的思想处理时间窗约束，若车辆到达配送点的时间早于时间 E_r，

则会延长配送时间；若车辆到达配送点的时间晚于 L_r，则顾客需要等待。设置早到和晚到的单位惩罚成本分别为 e_1 和 e_2，违反时间窗的惩罚成本可表示为

$$C_3 = e_1 \sum_{r\in B} \max(E_r - t_r, 0) + e_2 \sum_{r\in B} \max(t_r - L_r, 0) \tag{9-3}$$

4）总旅行时间

旅行时间与所选路径相关，不同路径所花费的旅行时间不同，以路径总旅行时间作为时间优化目标，表示如下：

$$T = \sum_{i\in D}\sum_{j\in D}\sum_{k\in V} z_{ijk}\, t_{ij} \tag{9-4}$$

2. 模型建立

多配送中心路径优化问题的不确定规划模型如下：

$$\min C = \sum_{k\in V} c_k x_k + \sum_{i\in D}\sum_{j\in D}\sum_{k\in V} c_t\, d_{ij}\, z_{ijk} + e_1 \sum_{r\in B} \max(E_r - t_r, 0) + e_2 \sum_{r\in B} \max(t_r - L_r, 0) \tag{9-5a}$$

$$\min T = \sum_{i\in D}\sum_{j\in D}\sum_{k\in V} z_{ijk}\, t_{ij} \tag{9-5b}$$

$$\text{s.t.}\ M\{\omega_{ij} \leqslant t_{ij}\} \geqslant \alpha \qquad \forall i, j\in D \tag{9-5c}$$

$$\sum_{r\in B} Q_r y_{rp} \leqslant Q_p \qquad \forall p\in A \tag{9-5d}$$

$$\sum_{i\in D}\sum_{j\in D}\sum_{r\in B} Q_r z_{ijk} \leqslant Q_k \qquad \forall k\in V \tag{9-5e}$$

$$\sum_{i\in D} z_{ijk} - \sum_{i\in D} z_{jik} = 0 \qquad i\neq j, \forall j\in B, \forall k\in V \tag{9-5f}$$

$$E_r \leqslant t_r \leqslant L_r \qquad \forall r\in B \tag{9-5g}$$

$$\sum_{p\in A}\sum_{r\in B} z_{prk} - \sum_{p\in A}\sum_{r\in B} z_{rpk} = 0 \qquad \forall k\in V \tag{9-5h}$$

$$\sum_{k\in V} z_{ijk} = 0 \qquad \forall i, j\in A \tag{9-5i}$$

$$\sum_{p\in A} y_{rp} = 1 \qquad \forall r\in B \tag{9-5j}$$

$$\sum_{r\in B}\sum_{p\in A} z_{prk} \leqslant 1 \qquad \forall k\in V \tag{9-5k}$$

$$x_k = (0,1) \qquad \forall k\in V \tag{9-5l}$$

$$y_{rp} = (0,1) \qquad \forall r\in B, p\in A \tag{9-5m}$$

$$z_{ijk} = (0,1) \qquad \forall i, j\in D,\ \forall k\in V \tag{9-5n}$$

目标函数（9-5a）表示最小化配送总成本，包括车辆固定成本、车辆运输成本和惩罚成本；目标函数（9-5b）表示最小化配送总时间。约束（9-5c）表示不确定旅行时间的分布状况；约束（9-5d）表示配送中心容量限制，即配送中心所辐射的配送点的需求量之和在该配送中心的容量范围；约束（9-5e）表示车辆容量限制，即每一条配送路径上所有配送点的需求量之和不超过车辆的最大承载质量；约束（9-5f）表示配送点只能由同一辆车服务；约束（9-5g）表示配送点时间窗约束；约束（9-5h）表示车辆必须从配送中心出发并最终回到该配送中心；约束（9-5i）表示在配送中心之间车辆不能通行；约束（9-5j）表示每个配送点只能分配给一个配送中心；约束（9-5k）表示车辆只能属于一个配送中心；约束（9-5l）～约束（9-5n）表示决策变量的取值范围。

9.2　多配送中心路径优化模型处理和求解

9.2.1　目标函数及约束条件处理

1. 目标函数处理

模型（9-5）以旅行时间和配送成本作为优化目标，而现实中时间和成本存在冲突，很难达到两者同时最优，并且不同的配送阶段，对时间和成本的要求不同，因此，可采用加权的方法处理目标函数。根据配送点需求的紧急程度，对两者赋予合适的权重，若需求紧急，则赋予时间较大的权重，如果满足需求的时间充足，则赋予成本较大的权重。通过加权，将双目标转化为单目标，便于模型求解，并增强了模型的柔性：

$$f(x)=\frac{a\text{time}}{\min T}+\frac{b\cos\text{t}}{\min C} \tag{9-6}$$

其中，a 和 b 分别表示时间权重和成本权重；$\min T$ 表示时间的最小值，是单目标模型下时间作为优化目标时的最小值；$\min C$ 表示成本的最小值，是单目标模型下成本作为优化目标时的最小值；time 和 cost 是双目标模型要求的解。

2. 约束条件处理

节点间的不确定旅行时间服从正态不确定分布，可给出期望的旅行时间置信水平，计算其逆分布的值。尽管现实中节点之间的旅行时间不确定，但可以根据经验或专家意见预测出其大致趋势。一般而言，所选路径的可信度越强，所要花费的旅行时间越长，即旅行时间与置信水平呈递增关系。正态不确定分布是常用的不确定分布，且分布函数随置信水平单调递增。给出期望的旅行时间置信水平，计算不确定旅行时间的逆分布，即在期望置信水平下将不确定变量转化为确定的值，进而将不确定模型等价转化为确定型模型，便于算法计算，如约束（9-5c）可转化为

$$\varphi^{-1}_{ij}(\alpha) \leqslant t_{ij} \tag{9-7}$$

9.2.2 遗传算法设计

针对多目标优化问题，通过交叉算子和变异算子的调整，使得遗传算法有较强的灵活性，因此，采用遗传算法进行模型求解。

1. 染色体编码

算法采用自然数编码，配送点编号为 $1,2,\cdots,n$，配送中心有 m 个，编号都为 0，车辆编号为 $1,2,\cdots,k$。对每个配送中心依次安排配送线路，染色体由车辆顺序、配送点顺序和配送中心编号三部分构成。车辆顺序是指配送区域的所有配送点都与一个车号相对应，将配送点按编号大小依次排列，再为每个配送点随机安排一辆车，此部分长度为 n。配送点顺序随机排列，长度为 n。配送中心用编号 0 表示该配送中心的路线安排结束，依据同样的规则依次对配送中心进行编码，直至所有配送中心和配送点都被编码，染色体总长度为 $n+n+m$。

举例说明，以 3 个配送中心、15 个配送点和 5 辆车为例，有如下染色体编码：1-2-1-1-2-3-9-2-7-13-0-4-3-3-4-3-3-12-11-1-5-8-14-0-5-5-5-5-15-4-10-6-0。配送中心 1 的配送区域内有 5 个配送点，由 2 辆车安排配送，配送中心 1 的 5 个配送点与车辆的分配状况如表 9-1。

表 9-1 配送中心 1 的 5 个配送点与车辆的分配状况

配送点	2	3	7	9	13
车辆	1	2	1	1	2

配送点服务顺序为 3→9→2→7→13，得出车辆 1 的路线为 9→2→7，车辆 2 的路线为 3→13。同理，配送中心 2 的配送区域内有 6 个配送点，由 2 辆车安排配送，车辆 3 的路线为 12→5→8→14，车辆 4 的路线为 11→21。配送中心 3 的配送区域内有 4 个配送点，由 1 辆车安排配送，车辆 5 路线为 15→4→10→6。

2. 选择操作

在遗传算法中，适应度函数值越大，个体的环境适应度越高，从而更容易保留并参与下一代的演化。因此，希望找到配送成本和时间较小的路径，算法选取

目标函数的倒数作为适应度函数，即 $F(x)=1/f(x)$，将最小化目标转化为最大化目标，便于算法设计。随机生成多条染色体，若染色体路径满足车辆承载质量与配送中心容量约束，则将该染色体保存为初始染色体，选择 N 条初始染色体，构成规模为 S 的初始种群。采用精英法和轮盘赌法进行选择操作，计算 N 条染色体的适应值，再将其由大到小进行排列。采用精英法选取适应值最大的个体直接保留到下一代，再利用轮盘赌法选择其他的父代染色体进入下一代，新种群的规模仍为 S。

3. 交叉操作

交叉概率为 P_c，交叉操作采用随机交叉法，过程如下：从种群中随机选取两条染色体为父代染色体，在染色体的第二部分配送点顺序中，选取第 2 个配送中心的配送点基因，将其进行交叉互换，从而产生新的子代染色体，交叉过程示例如下。

父代：

X_1　1-2-1-1-2-3-9-2-7-13-0-4-3-3-4-3-3-12-11-1-5-8-14-0-5-5-5-5-15-4-10-6-0

Y_1　1-1-2-1-2-2-9-3-7-13-0-4-3-4-4-3-3-11-14-1-5-8-12-0-5-5-5-5-10-4-15-6-0

交叉后的子代：

X_2　1-2-1-1-2-3-9-2-7-13-0-4-3-3-4-3-3-11-14-1-5-8-12-0-5-5-5-5-15-4-10-6-0

Y_2　1-1-2-1-2-2-9-3-7-13-0-4-3-4-4-3-3-12-11-1-5-8-14-0-5-5-5-5-10-4-15-6-0

4. 变异操作

变异概率记为 P_m，变异操作采用对换变异法，首先在种群中随机选取 1 条染色体，其次在所选染色体的配送点顺序部分随机选取两个变异位置，将其基因彼此交换，最后得到变异后的子代染色体。选取第 1 个配送中心的配送点顺序部分，将第 1 个基因与第 4 个基因互换进行变异操作，举例如下。

父代：

X_1　1-2-1-1-2-3-9-2-7-13-0-4-3-3-4-3-3-12-11-1-5-8-14-0-5-5-5-5-15-4-10-6-0

变异后的子代：

X_2　1-2-1-1-2-7-9-2-3-13-0-4-3-3-4-3-3-12-8-1-5-11-14-0-5-5-5-5-15-4-6-10-0

5. 算法终止

当算法满足遗传迭代次数，则终止，否则回到选择操作继续迭代。

9.3 多配送中心路径优化算例分析

9.3.1 多配送中心路径优化算例描述

假设有 3 个配送中心，需要完成 20 个配送点的送货任务。节点之间的旅行时间服从正态不确定分布，即 $t_{ij} \sim N(d_{ij}/50, 0.2)$，置信水平 $\alpha = 0.95$，单位距离运输成本为 5 元/km，惩罚成本为 200 元，车的载货量为 100 件，每辆车的固定运营成本为 400 元，配送中心信息如表 9-2 所示，配送点信息如表 9-3 所示，各节点坐标已知。3 个配送中心共同完成 20 个配送点的配送任务，每个配送中心的车辆数目充足，配送过程中考虑车辆的载货量限制、客户需求的时间窗和配送中心容量限制，设计算法，安排车辆的配送路径使得配送成本和时间都最优。

表 9-2　配送中心信息

配送中心	x 坐标	y 坐标	容量/件
1	40	5	300
2	55	80	300
3	20	50	300

表 9-3　配送点信息

配送点	x 坐标	y 坐标	需求量/件	时间窗
4	20	85	40	[08:00,10:06]
5	5	45	20	[08:00,10:19]
6	42	15	20	[08:00,10:10]
7	38	5	46	[08:00,09:45]
8	95	35	40	[08:00,10:10]
9	85	25	20	[08:00,09:42]
10	62	80	60	[08:00,09:40]
11	58	75	40	[08:00,09:41]
12	55	82	20	[08:00,10:30]
13	18	80	20	[08:00,09:43]
14	25	30	18	[08:00,11:00]
15	15	10	40	[08:00,09:45]

续表

配送点	x 坐标	y 坐标	需求量/件	时间窗
16	45	65	18	[08:00,09:59]
17	65	20	12	[08:00,09:42]
18	31	52	54	[08:00,09:54]
19	2	60	10	[08:00,09:44]
20	5	5	32	[08:00,10:10]
21	57	29	36	[08:00,10:33]
22	4	18	50	[08:00,09:54]
23	26	35	30	[08:00,10:25]

9.3.2　多配送中心路径优化结果及分析

1. 优化结果

利用 MATLAB 编程仿真，设置种群规模 $S = 200$，迭代次数为 500 次，交叉概率 $P_c = 0.7$，变异概率 $P_m = 0.2$，目标函数中时间权重 $\alpha = 0.6$，成本权重 $b = 0.4$。多配送中心路径优化目标函数值收敛情况如图 9-1 所示。

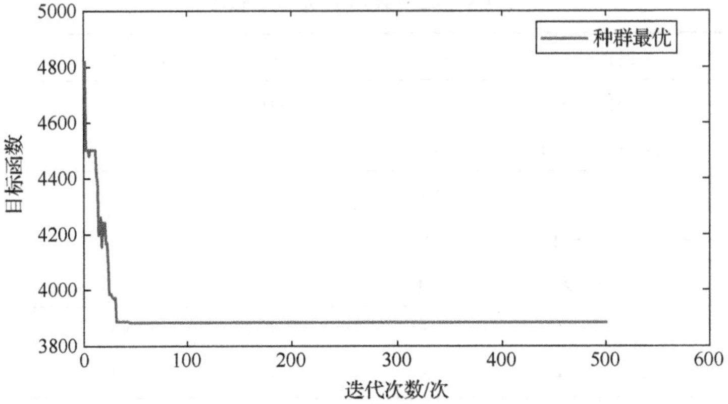

图 9-1　多配送中心路径优化目标函数值收敛情况图

迭代初期，算法搜索速度较快，随着迭代次数的不断增加，曲线逐渐稳定到某一固定水平，进而得到最优解。执行算例 20 次，对运行结果统计分析可得到最优路径结果如图 9-2 所示。

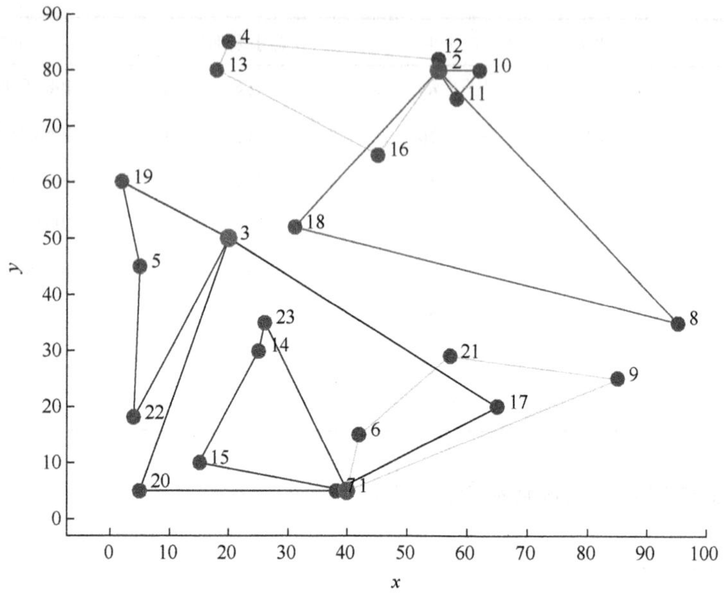

图 9-2　最优路径结果

将上述路径进行整理，可得遗传算法最优路径结果如表 9-4 所示。

表 9-4　遗传算法最优路径结果

配送中心	路径	运输距离/km	运输成本/元	旅行时间/h	车辆装载率/%
1	1→6→21→9→1	108.2	541.2	2.3	76.0
	1→23→14→15→1	86.1	430.3	2.0	88.0
2	2→10→11→2	19.2	96.2	0.9	100.0
	2→16→13→4→12→2	91.4	457.1	2.3	98.0
	2→8→18→2	163.3	816.5	2.9	94.0
3	3→19→5→22→3	98.7	493.4	2.2	80.0
	3→20→7→17→3	165.4	827.0	3.2	90.0

此时，3 个配送中心共启动 7 辆车安排配送，7 条路径的总运输距离为 732.3km，总运输成本为 3661.7 元，总配送成本为 6461.8 元，总旅行时间为 15.8h，每条路径的需求量之和都不超过车辆的最大承载质量。

2. 灵敏度分析

改变算例中置信水平、时间权重和成本权重的取值，原始数据和参数的选取保持不变。对模型进行灵敏度分析，可以得到不同置信水平和权重下的计算结果，如表 9-5 所示。

表 9-5　不同置信水平和权重下的计算结果

置信水平	时间权重	成本权重	旅行时间/h	运输成本/元	启动车辆数
0.85	0.4	0.6	10.6	5319.2	6
	0.6	0.4	13.5	5763.4	7
	0.7	0.3	17.2	6172.8	8
0.95	0.4	0.6	12.0	5836.2	7
	0.6	0.4	15.9	6461.8	7
	0.7	0.3	18.7	6298.1	8

由表 9-5 可知，在置信水平确定时，随着时间权重的增大，需要快速、及时地将货物送到配送点，路径上所花费的旅行时间减少。为了能快速送货，需要启用更多的车辆，从而使得配送成本不断增大。当时间权重和成本权重一定时，置信水平增大，根据正态不确定分布递增的特点，节点间的旅行时间也随之增大，总旅行时间也会增大。因此，置信水平和权重的选取会影响最终路径的选择。在决策中，可以根据实际的配送状况选取合适的值，使路径决策更加有效合理。

本章针对不确定时间下多个配送中心的路径优化问题，以成本和时间作为优化目标建立双目标不确定规划模型，通过给成本和时间赋予权重，将双目标模型转化为单目标。节点间的旅行时间是不确定变量，且服从正态不确定分布，利用不确定理论，将不确定变量进行等价处理，再对配送点进行分区，设计遗传算法求解配送路径。最后给出数值案例，通过仿真实验求出最优配送路径并对模型进行灵敏度分析。

参 考 文 献

[1] 郭强, 谢秉磊. 随机旅行时间车辆路径问题的模型及其算法[J]. 系统工程学报, 2003, 18(3): 244-247.

[2] 张涛, 余绰娅, 刘岚, 等. 同时送取货的随机旅行时间车辆路径问题方法[J]. 系统工程理论与实践, 2011, 31(10): 1912-1920.

[3] 张建勇, 李军. 具有模糊旅行时间的 VRP 的一种混合遗传算法[J]. 管理工程学报, 2006, 20(4): 13-17, 41.

[4] 张梦颖. 不确定因素下路径规划问题研究[D]. 合肥: 中国科学技术大学, 2016.

[5] 王淑云, 孙虹. 需求变动下的冷链品配送路径规划[J]. 公路交通科技, 2014, 31(8): 144-150.

[6] 李阳, 范厚明, 张晓楠, 等. 求解模糊需求车辆路径问题的两阶段变邻域禁忌搜索算法[J]. 系统工程理论与实践, 2018, 38(2): 522-531.

[7] 张晓楠, 范厚明. 模糊需求车辆路径优化及实时调整[J]. 上海交通大学学报, 2016, 50(1): 123-130, 139.

[8] 马向国, 刘同娟, 杨平哲, 等. 基于随机需求的冷链物流车辆路径优化模型[J]. 系统仿真学报, 2016, 28(8): 1824-1832, 1840.

[9] 王海军, 杜丽敬, 胡蝶, 等. 不确定条件下的应急物资配送选址-路径问题[J]. 系统管理学报, 2015, 24(6): 828-834.

[10] 侯玲娟, 周泓, 梁春华. 不确定需求和旅行时间下的车辆路径问题[J]. 计算机集成制造系统, 2011, 17(1): 101-108.